AF435533

Un camino al éxito auténtico

Diseño de tapa
EL OJO DEL HURACÁN

ALFREDO DIEZ

Un camino al éxito auténtico

Siete prácticas para alcanzar tus metas
siendo tu propio *coach*

GRANICA

ARGENTINA - ESPAÑA - MÉXICO - CHILE - URUGUAY

Diez, Alfredo
   Un camino al éxito auténtico : siete prácticas para
alcanzar tus metas siendo tu propio coach . - 1a ed. -
Ciudad Autónoma de Buenos Aires : Granica, 2014.
   176 p. ; 15x22 cm.

   ISBN 978-950-641-802-1

   1. Coaching. 2. Superación Personal. I. Título
CDD 158.1

ÍNDICE

*La única forma de alcanzar nuestras metas es amarlas,
esto es, estar comprometidos profundamente con ellas.
Debemos amar lo que deseamos para hacerlo posible.*

Alfredo Diez

PREFACIO

En este libro los lectores encontrarán las particulares claves que en forma de *prácticas* he diseñado con el fin de acompañarlos en su camino hacia el éxito. A partir de ellas podrán desarrollar nuevas y efectivas habilidades que los acerquen a *sus metas.*

El proceso que aquí propongo tiene como objetivo *alcanzar las metas personales.* Y estas metas se lograrán solo cuando hayamos transitado de un modo autónomo el camino hacia esos objetivos, esto es, siendo nuestros propios entrenadores.

Como decía John Ruskin: "Lo que creemos o lo que pensamos es de gran importancia. Pero más importante aún es lo que hacemos". La única posibilidad que tenemos de alcanzar nuestras metas es ponernos en marcha y caminar el trayecto hacia nuestros logros que nos está reservado.

La vida es un sistema energético que se retroalimenta, por lo tanto debemos cargarnos de energía en forma de *reflexión, independencia* y *elección* para luego dar los pasos imprescindibles y transformar esos factores en metas concretas, mediante la *automotivación,* la *visión* y la *acción.*

Poseer esa energía será posible solo si practicamos intensamente y desde la conciencia; por ello, cuando en el subtítulo hablo de "prácticas" me estoy refiriendo a aquellos comportamientos que suponen un gran compromiso personal de entrenamiento continuo e intenso en el cumplimiento y seguimiento de estas particulares claves de vida.

Solo con su constante práctica estas premisas se transformarán en nuestra *identidad personal,* la que nos conducirá hacia el equilibrio y el éxito, dos elementos determinantes de una vida plena.

Mi intención no es otra que compartir mis reflexiones y, si se me permite, intentar ayudar a quienes, conscientes del camino de crecimiento que tienen por delante, se enfrentan con coraje al desafío que supone escribir día a día el guión de sus vidas.

Porque solo ellos podrán lograr su propio éxito personal sabiendo, en el fondo, que ese éxito no supone nunca superar a los demás sino, simplemente, superarse a uno mismo.

ALFREDO DIEZ

INTRODUCCIÓN

1. Hacia el verdadero éxito

La llave del éxito en la vida
es el conocimiento del valor de las cosas.
John Boyle O'Reilly

Cuando hablo de éxito, es necesario no sucumbir ante la tentación de entender: fama, *glamour*, dinero, posición social u otro concepto similar, que solo son escuálidas interpretaciones de su significado.

Aquí hablo de lo que, desde mi perspectiva, es un ser humano exitoso, que la mayoría de las veces no coincide con la idea más difundida, ya que muchos consideran el éxito como un término opuesto al valor moral.

Por eso, algunas personas dicen: "Intenta no ser una persona de éxito, sino una persona con valores", como si el éxito fuese algo malo o contrario a los verdaderos valores. Se puede ser coherente con los valores morales y exitoso al mismo tiempo. En realidad, tener valores es un verdadero éxito personal.

El poeta y filósofo norteamericano Ralph Waldo Emerson decía que el éxito para él era reír a menudo y mucho, ganar el respeto de gente inteligente y el cariño de los niños, conseguir el aprecio de críticos honestos y aguantar la traición de falsos amigos, apreciar la belleza, encontrar lo mejor en los demás y dejar el mundo un poco mejor, entre otras cosas.

El caso es que todos quieren ser exitosos, y muy pocos finalmente lo consiguen. Pero el éxito tiene tantos significados como personas quieran explicarlo. Ante tal confusión, es muy difícil lograr ser exitosos, ya que muchas veces no sabemos qué tipo de éxito deseamos para nosotros mismos.

Hasta el momento en que uno decide hacerse cargo de definir su propio éxito, o sea, personalizar el concepto de éxito, normalmente este será definido por la cultura, el pasado, las expectativas de futuro, la publicidad. Pero solo cada persona puede definir verdaderamente lo que representa el éxito para sí misma.

¿Cuál es el beneficio de definir el éxito?

Dado el gran número de influencias, pasadas y presentes, a las que estamos sujetos, resulta clave definir qué es lo más importante para nosotros como individuos, qué es lo realmente necesario en nuestro íntimo convencimiento.

Esto genera la posibilidad de afrontar tres pasos en el proceso de la definición de lo que es para cada uno de nosotros el éxito.

Primero, me permite tomar conciencia y profundizar en mi autoconocimiento, o sea, avanzar en el reconocimiento de mis necesidades, que pueden ser espirituales, materiales o relacionales.

Segundo, me permite independizarme de las influencias, esto es, evitar ser seducido o distraído por las demandas de otros, obligaciones laborales, influjos culturales, que tienden a definir el éxito antes de que yo pueda conectarme con mi propia definición.

En tercer y último lugar, me permite identificar costos, ya que no siempre me será posible hacer lo que desee o prefiera, aun cuando mi felicidad dependa de ello. Porque el haber definido nuestras claves vitales nos permite dimensionar lo que perdemos cuando no estamos trabajando en pos de ellas.

Y entonces, ¿qué es ser exitoso?

El éxito es un sentimiento, una actitud, una manera de ser y de pensar, un modo de vida equilibrado que refleja nuestros valores y la paz que llevamos en nuestro espíritu.

La persona exitosa siente esa paz y autosatisfacción aun en momentos de fracaso, rechazo o frustración, y se mantiene firme, determinada y perseverante ante sus objetivos, sin importar lo adverso de las circunstancias.

Para este tipo de personas el fracaso es una oportunidad de crecer y aprender, ya que comprenden que cada obstáculo en su camino los acerca un poco más a la meta que se han propuesto. Saben que en la actitud de éxito se involucra el placer, el disfrute de todo el proceso de crecimiento. Este tipo de personas no están obsesionadas con el éxito. Muchas de ellas ni siquiera hablan de él.

¿Triunfar en los negocios es señal de éxito? ¿Los logros profesionales me ayudarán a ser exitoso? ¿Cuanto más tengo mejor soy?

Según la visión que sostengo en este libro, el hombre exitoso no es el que ha logrado metas profesionales exclusivamente, sino que además es dueño de una gran habilidad para llevarse bien con todas las personas en las distintas facetas de su vida, ya sea en la familia como con los amigos, e incluso en los negocios. La clave es ocuparse e interesarse sinceramente por los demás, acercarse al prójimo y dejar que este se acerque a nosotros, creando una verdadera red de afectos, que se va fortaleciendo y nutriendo día a día. La persona que así vive seguramente tendrá una vida plena de armonía, señal inequívoca de verdadero éxito.

Por otra parte, no creo ni por un momento que el éxito resida en lo económico. Una persona no es exitosa porque le vaya bien en los negocios, en la vida profesional o tenga altas calificaciones académicas. Eso es lo que menos vale.

Lo que realmente tiene valor es mantener los pies sobre la tierra, cuidar de la *familia* –en el sentido más amplio de esta palabra, que incluye a los parientes pero también a amigos y personas por quienes uno tiene un especial cariño–, y no ocuparse de lo material o profesional exclusivamente.

Me decía mi amiga Laura, responsable de Recursos Humanos en una empresa privada: "El éxito personal no tiene olvido". Porque la gente que tiene éxito en su vida de relación es querida por todos, y siempre está en el corazón de las personas. Nadie olvida a su gente amada.

> Cuando todavía era un joven, el empresario mexicano Carlos Slim, quien es hoy el segundo hombre más rico del mundo después de Bill Gates, le preguntó a su madre:
>
> —¿Cuál es el secreto del éxito?
>
> —El éxito –le respondió la madre– no tiene que ver con lo que mucha gente se imagina. No está en los títulos académicos que obtienes, ni en la escuela donde estudias. No se debe a las dimensiones de tu casa o a cuántos coches tengas en tu garaje. No tiene que ver con el poder que ejerces. No se trata de si eres jefe o subordinado. Ni tampoco de si hablas varios idiomas, eres atractivo, joven o viejo.
>
> —Pero entonces, ¿a qué se debe que a algunas personas se las califique de exitosas?
>
> —El éxito –continuó diciendo la madre– se debe a cuánta gente amas y cuántos admiran la sencillez de tu espíritu. Se trata de si te recuerdan cuando te vas, a cuánta gente ayudas y a cuánta evitas dañar. Se trata de que en tus triunfos estén incluidos tus sueños. Es sobre si usaste tu cabeza tanto como tu corazón, si fuiste egoísta o generoso, si amaste la naturaleza y a los niños. Es acerca de tu bondad, tu deseo de servir y tu capacidad de escuchar. No es acerca de cuántos te siguen, sino de cuántos realmente te aman.

Esta es, para mí, la verdadera definición del éxito. Nada de *glamour*, dinero o posición social. El éxito con mayúsculas es el que alcanzamos cuando hemos luchado sin cuartel por nuestra propia superación y hemos triunfado.

Es así que, si soy exitoso en mi plano personal, vendrán los éxitos profesionales y económicos. Porque el éxito es, en realidad, el mayor grado de enaltecimiento espiritual de una persona. No hay duda entonces: si tengo éxito como persona, todo lo demás vendrá por añadidura.

2. El *coaching* como modelo

> *Muchos, en efecto, me reprochan que siempre pregunto a otros y yo mismo nunca doy una respuesta acerca de nada por mi falta de sabiduría […]; y es evidente que no aprenden nunca nada de mí, pues son ellos mismos y por sí mismos los que descubren y engendran bellos pensamientos.*
>
> Sócrates

Este libro tiene por finalidad presentarles un proceso que consta de siete prácticas y fue diseñado con el objetivo de ayudar a las personas a que, por sí mismas, descubran su liderazgo interior, alcancen la armonía espiritual y triunfen en su vida profesional.

Para seguir ese camino, primero deben ser conscientes de que el conocimiento ya se encuentra en su interior y que el proceso adecuado para hacer "nacer" toda esa sabiduría no es otro que el de *formular* y *formularse* preguntas.

Los pasos para *lograr tus metas* coinciden con los diversos capítulos del libro que tienes en tus manos:

1. Reflexión
2. Independencia
3. Elección
4. Automotivación
5. Estrategia
6. Acción
7. Metas

Este *proceso interior y exterior* supone un análisis detallado de cada uno de los capítulos o prácticas a fin de comprender y razonar acerca de sus postulados. Su efectividad dependerá de la profunda reflexión y cuestionamiento que realicemos sobre la veracidad de los planteos que en ellos se exponen.

Pero lo importante de este método de liderazgo personal no son las respuestas a las preguntas formuladas, sino la propuesta de descubrir la verdad mediante una constante búsqueda interior.

El método es adaptable a cada uno de nosotros y su aplicación varía según la necesidad de crecimiento que cada uno tenga. Es posible que al leer este libro advirtamos que hay puntos que internamente ya tenemos desarrollados, como también otros en los que necesitamos crecer. Será nuestro corazón, entonces, el encargado de indicarnos dónde deberemos poner todo el esfuerzo y el coraje, junto a la necesaria reflexión que nos permita coronar el proceso con éxito.

La idea de este libro es que sirva de estímulo para que el lector se cuestione acerca de lo que lee, y reflexione acerca de las respuestas que desde él mismo y su propia experiencia y conocimiento puedan surgir.

Como bien afirmaba el físico danés y premio Nobel Niels Bohr: "Cada frase que pronuncio no puede considerarse una afirmación, sino una pregunta". La intención de este libro es formular preguntas para que, con la reflexión del lector a partir de lo leído, surjan nuevos conceptos e ideas, y pueda este tomar conciencia de las dificultades y obstáculos individuales que le impiden el pleno desarrollo de su potencial.

Porque lo que busco con esta obra es contribuir a que la persona sea consciente de lo que tiene y de lo que carece, de lo débil y lo fuerte que es ante un objetivo deseado. Y en ese proceso de análisis y reflexión interna, ayudar a producir un enriquecimiento de los modelos mentales que le permitan a cada persona generar nuevas respuestas y mejorar su rendimiento.

Por eso, en virtud de mi actividad profesional de *coach*, diseñé el presente método de liderazgo personal, inspirado en algunas de las técnicas y modelos del proceso de *coaching*.

Pero, ¿qué es el *coaching*?

Es el arte de hacer que otros saquen lo mejor de sí mismos y que con ello alcancen sus objetivos. Siglos atrás, Sócrates ya practicaba el sistema de enseñanza que denominó "mayéutica", basado en preguntas que el mismo estudiante debía ir contestando, hasta hallar sus propias respuestas. Sócrates, así, "daba a luz", como su madre partera, al conocimiento interno que el individuo lleva consigo, con preguntas que todo el mundo debe hacerse:

- ¿Cuál es el sentido de mi vida? ¿Qué es lo que deseo lograr?
- ¿Qué es importante para mí? ¿Cuál es el valor de lo que estoy haciendo?
- ¿Con qué me siento realmente comprometido?
- ¿Qué es lo peor y lo mejor que podría suceder?
- ¿Qué hay de importante en lo que me está pasando?
- ¿Qué me está impidiendo ponerme en marcha? ¿Qué puedo aprender de ello?
- ¿De qué me siento orgulloso? ¿Cómo podría sentirme mejor?

Este método de la "autopregunta", presente en las siete prácticas, se transforma en un medio idóneo a través del cual podemos formularnos preguntas a nosotros mismos y, al considerar nuestras propias reflexiones, nos permite "dar a luz" a las respuestas.

Mediante este especial diálogo imaginario, basado en el método dialéctico de preguntas y respuestas, podremos iniciar juntos la búsqueda de esa verdad tan anhelada.

El *coaching* o proceso de entrenamiento personalizado parte del mismo concepto que el método socrático: por medio de la pregunta, llevar a que la persona elabore sus propias conclusiones.

Es una relación interactiva en la que el *coach* pregunta, escucha y estimula al cliente a lograr sus metas. En este caso el propio libro hará las veces de *coach*, al indagar constantemente al lector.

El objetivo del *coaching*, así como el del proceso de *liderazgo personal* que aquí presento, es liberar el potencial de la persona para llegar a maximizar su rendimiento y satisfacción, estimularla a pensar de modo diferente de como lo hace habitualmente, mejorar su forma de comunicarse y profundizar sobre sí misma.

El poder en una relación de *coaching* no está en la autoridad del *coach*, sino en el compromiso y la visión de la persona que está bajo su orientación. Para el *coach* lo que importa es esa persona, ya que es ella la que producirá los resultados.

"En ocasiones me bloqueo o no tengo los objetivos claros, o, si los tengo identificados, no consigo llegar a ellos porque no sé cómo hacerlo", me decía en una oportunidad un cliente.

El trabajo de un *coach* consiste en señalar el camino. El *coach* es el guía, el indicador, el que marca las pautas, porque en esta disciplina el único experto es la persona. Por ello el *coach* nunca le dirá lo que tiene que hacer, sino que lo ayudará a descubrir lo que ella realmente quiere. El *coach* le da poder a la persona.

Es exactamente este el sentido del *proceso* que les presento: dar poder a las personas para que transformen sus propias vidas. Así, este libro se erige en un auténtico *coach* que se propone ayudar a los lectores a descubrir –mediante preguntas y reflexiones, relatos de casos reales y aforismos– sus verdaderas necesidades y su propia personalidad.

Cabe resaltar que en todos los casos de *coaching* que se relatan se han cambiado nombres y otros datos a fin de proteger la identidad de sus protagonistas.

Asimismo, el libro plantea la posibilidad de ser utilizado como un *manual de coaching e inteligencia emocional* por aquellos lectores que deseen profundizar en el modelo del *coach* y ayudar a otras personas. A ellos les propongo que lo utilicen como un manual de ejercicios y reflexión, sobre distintos aspectos de esta disciplina: *¿Cómo actuaría yo en caso de que fuera el coach? ¿Qué otras preguntas podría hacer para favorecer la introspección del protagonista? ¿Qué ideas se me ocurren para intentar ayudar de un modo novedoso a la persona aquejada de un problema o dilema existencial? ¿A qué situación de mi vida y de la de quienes me rodean podría aplicar estas claves?* Y además: *¿Qué competencias emocionales logro detectar en la interacción de los protagonistas de las historias? ¿Cómo han gestionado sus emociones? ¿Qué reflexión cabe hacer respecto de su desempeño? ¿Cómo puedo utilizar estas experiencias de gestión emocional en mi propia vida?*

Así, cada uno de los lectores, en cada capítulo, podrá proponer nuevas y alternativas preguntas ante los casos planteados, y bucear en sus propios recursos interiores con el objeto de analizar las propias emociones y asumir el desafío que supone gestionarlas.

Finalmente recordemos que, como dijo Galileo Galilei, "No puedes enseñarlo todo: solo puedes ayudar a otros a encontrarlo por sí mismos". Así, como un modesto seguidor de Sócrates, le digo al lector: *No pretendo que aprendas de mis palabras; mi intención es solo servir de estímulo para que puedas aprender de ti mismo.*

3. Siete prácticas

Los carpinteros dan forma a la madera; los flecheros dan forma a las flechas; los escultores dan forma a la piedra; los sabios se dan forma a sí mismos.
Siddharta Gautama (el Buda)

El número siete siempre ha ocupado un lugar importante dentro de la simbología y cabalística de los números. En realidad, son muchas las circunstancias en que el número siete aparece en el transcurso del desarrollo de la humanidad, y en casi todas ellas surge como un número divino, símbolo de perfección para el cristianismo así como para todas las grandes religiones y doctrinas del mundo.

La Biblia nos dice que Dios creó el mundo y descansó el séptimo día, pero antes lo santificó. Posteriormente, cuando Dios decide limpiar el mundo de su maldad, le indica a Noé que tome siete parejas de cada especie para preservarlas en el arca; y el séptimo día después del último aviso divino se produce el gran diluvio. El arca navegó sin rumbo hasta que el séptimo mes reposó en tierra firme. Luego Noé envió a la paloma, que tardó siete días en volver.

En otro episodio de la historia, cuando Josué intenta atacar Jericó, Dios le indica que siete sacerdotes toquen siete cuernos de carnero, para que al séptimo día den siete vueltas a la ciudad tocando los cuernos. Y así se desplomó Jericó.

De esta manera, encontraremos el número siete como una constante sagrada para los designios de Dios en la Tierra.

Este número también lo hallamos en el hinduismo, a través de las siete ramas del saber, y además se conoce que existen siete centros de peregrinación o siete ciudades sagradas para los practicantes de esta religión. Igualmente, los chacras o centros de energía existentes en el cuerpo del ser humano son, según los hindúes, siete.

En el Antiguo Egipto dividían el cielo en siete partes. La doctrina hermética se hallaba regida por siete principios. Y también los masones y los rosacruces consideran el siete entre sus tradiciones y costumbres.

Con el siete se trata de completar diversas series, y darles el colofón completándolas con ese número de unidades. Así, por ejemplo, tenemos los días de la *semana*, término proveniente de *set* (siete) *y mana* (días): son siete ya desde la antigüedad. Muchos de los principios rectores del universo también se basan en este número: los siete colores del arcoíris, las siete notas musicales, los siete planetas, los siete pecados, las siete virtudes, los siete brazos del candelabro sagrado judío, las siete maravillas del mundo, los siete sacramentos, los siete velos de la danza sagrada, etcétera.

El siete es la suma de dos conjuntos también famosos: el *tres* (la trinidad divina) y el *cuatro* (las virtudes humanas). La unión de lo divino –3– y lo humano –4– simboliza la totalidad, la perfección.

Por lo tanto, el siete siempre se asoció a la "perfección", y, por añadidura, a la *realización total* de una vida humana. Quien cultiva sus siete cuerpos o vehículos a la plenitud es un sabio, un ser iluminado. Un maestro.

Algo de esta visión espiritual ha quedado reflejado en la cultura popular, que le atribuye un poder especial al número siete. Se lo identifica con la buena suerte o con las buenas vibraciones. En realidad es un número de buena suerte, pero es mucho más que eso. Quien sigue el número siete claramente está buscando su perfección moral, espiritual, su equilibrio emocional y mental.

Es así como la simbología histórica del número siete me ha sugerido la elección de este especial número en la relación de las claves para el diseño de este proceso de búsqueda interior y liderazgo personal. Camino que tarde o temprano todos debemos transitar si deseamos alcanzar el *éxito* en nuestras vidas.

Por eso, mi intención es compartir, tomando un modelo cultural y antropológico, estas claves propuestas y los principios en los que se fundan, para comprobar su validez e importancia a nivel individual, y su efecto reflejo en el entorno familiar y laboral.

Sin embargo, el éxito en la aplicación de este método de liderazgo –y, en definitiva, la verdadera llave hacia la armonía personal– no reside en las claves consideradas por separado, sino en su interrelación y en su cuidada práctica y seguimiento.

Las siete claves para el *éxito* y el *logro de metas* que aquí presento pueden servir de guía para ayudar al individuo a tomar conciencia, enriquecer su modelo mental, elaborar creencias útiles y dirigir el rumbo de su vida. Si se asume el propósito de practicar a fondo estas premisas, estoy convencido de que el equilibrio y la alegría de vivir estarán más cerca de ser una realidad en la propia vida de quien lo haga.

"Haz lo necesario para lograr tu más ardiente deseo, y acabarás lográndolo", decía Ludwig van Beethoven.

4. ¿Ser mi propio *coach*?

Te volverás más inteligente a través de tus errores.
Proverbio alemán

En los últimos años me ha interesado sobremanera conocer la clave que determina que algunos logren el éxito y otros, los menos afortunados, no. Me preguntaba: ¿qué es el talento? ¿Qué hace que gente con éxito sea diferente del resto? ¿De qué está hecha la grandeza? ¿Todos podemos lograrla? ¿O está reservada para unos pocos?

Buscaba una respuesta. Estaba interesado en averiguar cómo la gente conseguía grandes cosas, pero a lo largo de mi vida he tenido la percepción de que esa respuesta se consideraba fuera del alcance de los investigadores y por lo tanto la pregunta era imposible de responder.

Fue entonces cuando encontré, gracias a la sugerencia de un amigo, el revelador libro de Dan Coyle titulado *Las claves del talento. ¿Quién dijo que el talento es innato?* El libro está basado en revolucionarios descubrimientos científicos, entre los que se cuenta un aislador neural llamado mielina que algunos neurólogos consideran el santo grial de la adquisición de habilidades.

He aquí la razón: toda habilidad humana, ya sea jugar al béisbol, interpretar a Bach o ser un buen orador, proviene de una cadena de fibras nerviosas que transmite un diminuto impulso eléctrico, básicamente una señal, que viaja a través de un circuito.

La mielina rodea esas fibras nerviosas del mismo modo que un aislamiento de goma envuelve un alambre de cobre: hace que la señal sea más veloz y fuerte porque impide que se escapen los impulsos eléctricos.

Cuando encendemos nuestros circuitos de la manera correcta (cuando practicamos el *swing* con ese palo de golf, tocamos esa nota o hablamos en público), nuestra mielina responde cubriendo el circuito neural, añadiendo en cada nueva capa un poco más de habilidad y velocidad. Cuanto más gruesa sea la capa de mielina, mayor será su capacidad de aislamiento, de manera que nuestros movimientos y pensamientos se volverán más veloces y precisos.

La práctica intensa se construye sobre una paradoja: el hecho de esforzarte de determinadas maneras para conseguir objetivos específicos (permitiéndote cometer errores y hacer un poco el ridículo) te vuelve más inteligente. O, por decirlo de otro modo, aquellas experiencias en las que te ves obligado a ir más despacio, a cometer errores y a enmendarlos (como si tuvieras que subir por la ladera helada de una colina) acaban por volverte más ágil sin que te des cuenta de ello.

Debemos cometer errores y prestarles atención; debemos instruir nuestros circuitos y seguir activándolos (es decir, practicando), a fin de que la mielina continúe funcionando adecuadamente.

Hasta allí, el descubrimiento de un nuevo paradigma para mí. El caso es que durante la mayor parte del siglo pasado, muchos psicólogos educacionales creyeron que el aprendizaje estaba determinado por factores fijos, como el coeficiente intelectual y las etapas de desarrollo. Teorías que yo abracé sin mucho esfuerzo.

Por el contrario, Barry Zimmerman, profesor de Psicología en la Universidad de Nueva York, nunca admitió esa limitada visión. Él, muy por el contrario, está fascinado con la clase de aprendizaje que se produce cuando una persona observa, juzga y establece una estrategia para su propia actuación; cuando, en esencia, un individuo *se entrena a sí mismo.*

Las personas calificadas de "expertas" practican de un modo diferente del resto, con una estrategia mucho más detallada. Cuando fallan, no culpan a la suerte ni tampoco a sí mismos. Tienen una estrategia que puede solucionarlo.

Estas personas, a través de la práctica, han desarrollado algo más importante que la mera habilidad: han cultivado una comprensión conceptual organizada que les permite controlar y adaptar su rendimiento, solucionar problemas y personalizar el circuito correspondiente según la situación.

Como dice Ericsson: "No hay ningún tipo de célula que los genios posean y que el resto de nosotros no tengamos".

De modo que cada uno de nosotros tiene más potencial que el que supone. Todos tenemos la oportunidad de convertirnos en dirigentes de nuestros propios sueños. El truco está en saber cómo hacerlo.

En este libro encontrarás una guía de *siete prácticas* para el trascendental desafío de *lograr tus metas.* Todo depende de tu compromiso. Recuerda: *eres tu propio coach.*

Reflexión

1ª práctica

Despertar y tomar conciencia

I

LA PRÁCTICA DE LA
REFLEXIÓN

DESPERTAR Y TOMAR CONCIENCIA

1. Salir de la caverna

*Los seres humanos no nacen siempre el día que sus
madres los alumbran, sino que la vida los obliga
otra vez y muchas veces a parirse a sí mismos.*
Gabriel García Márquez

Como en el "Mito de la caverna", nuestra vida muchas veces
corre muy deprisa y a oscuras, mientras vivimos creyendo
que vemos la realidad, sin permitirnos detener la marcha ni
siquiera por un momento, para observar y analizar en qué
sitio nos hallamos.

Los hombres habían nacido y vivido en la caverna encadenados unos a otros durante toda su vida, sin poder mirar
más que al fondo en donde veían sombras proyectadas por
una luz que no podían tampoco ver. De pronto, uno de
ellos fue liberado y arrastrado fuera de la caverna.

Al principio, cuando estaba en el exterior no podía ver, le dolían los ojos; era demasiada luz. Quiso volver a la oscuridad de la caverna, pero no lo dejaron retornar. Luego, poco a poco comenzó a vislumbrar siluetas, a definir objetos, a conocer. Cuando sus ojos se adaptaron a la luz empezó a descubrir cuanto lo rodeaba, y en su esencia, los objetos que veía antes proyectados como sombras en la pared de la caverna. Entendió, sintió que despertaba, y entonces comprendió que los hombres de la caverna solo veían sombras, y pensó en lo terrible que sería volver ahora, habiendo conocido la verdad.

No obstante, volvió a entrar a la caverna, impulsado por el afán de liberar a sus antiguos compañeros. Pero ahora, sus ojos ya acostumbrados a la luz no le permitieron ver en la oscuridad. Sus compañeros de la caverna lo juzgaron y ridiculizaron por la torpeza de haberse dañado los ojos al subir.

Siendo ciegos a la verdadera realidad, si él intentase desatarlos y conducirlos a ellos también a la luz, ¿no lo matarían, si pudieran tenerlo en sus manos?

Así nos presenta Platón, en el Libro VII de *La República*, el "Mito de la caverna", la explicación alegórica de la situación en que se encuentra el hombre con respecto al conocimiento, y de su viaje al descubrimiento de la luz, esto es, a su propio "nacimiento".

Al mismo tiempo que nos muestra el paso del hombre de la ignorancia al conocimiento, Platón condena a aquellos cuyo pecado es creer que las sombras son la única realidad, sin esforzarse por buscar más allá.

Pero, ¿cómo darnos cuenta de dónde estamos si pensamos que aquello que percibimos, tal como lo percibimos, es la realidad?

Es necesario y hasta esencial estar totalmente despiertos para transitar nuestro camino con sabiduría. Y cuando hablo de estar despiertos me refiero a ese especial estado de receptividad en el que la toma de conciencia de nuestros actos y de sus consecuencias es una actitud natural.

Lo vital es preguntarnos: ¿quién se anima a salir?, ¿quién soporta el estado de permanente pregunta que seguirá a nuestra huida de las sombras?, ¿quién se vuelve responsable por mostrar otra posibilidad? Porque si permanecemos dormidos creyendo que las sombras que vemos proyectadas son la realidad, desperdiciaremos nuestra existencia, quedándonos con la ignorancia como nuestro único patrimonio.

"Debemos tomar conciencia de que estamos encadenados en la caverna", dice Alicia Bilucaglia, porque solo este reconocimiento nos dará el poder y la fuerza necesarios para salir, cambiar nuestras creencias y acompañar a otros a ver lo que las ataduras no les permiten ver. Y aunque sabemos que la decisión de cada "prisionero" por dejarse conducir a la luz es personal, "nosotros como *coachs* estaremos allí para provocar, para preguntar, para mostrar lo que no se está viendo", concluye la prestigiosa profesional.

A pesar de esto, existen muchas personas que no desean salir, que se conforman con "lo que ven". Es por ese temor a salir al exterior, y ver un mundo nuevo y desconocido que tienden a aceptar lo que les pasa, ignorando la realidad que los rodea; no se cuestionan, no analizan con detenimiento las cosas. Sin embargo, hay personas que consiguen hacerlo, que observan y se detienen a analizar y reflexionar. Son las que han logrado salir de la caverna y luchan día a día para llegar a comprender las verdades de esta vida, y ayudar a otros a seguir ese camino de conocimiento.

Sin embargo, muchas veces este modo de ayuda no es valorado ni agradecido; porque –como en el mito– lo que hacemos con las personas que intentan guiarnos hacia la luz es ignorarlas, cuando no nos ponemos directamente contra ellas.

No las escuchamos, solamente aparentamos escuchar; y no prestamos atención porque no queremos esforzarnos en reflexionar, no queremos tomarnos el trabajo de abrir los ojos. Continuamos en la falsa seguridad de la caverna, como ignorando que la única posibilidad de salir es enfrentar la escarpada subida y la cegadora luz que finalmente nos conducirá a un camino de plenitud y entendimiento.

Pero es mediante un estado de permanente pregunta, reflexión y cotidiana actitud filosófica como podremos relacionarnos con el mundo, obteniendo una gran posibilidad de novedad y crecimiento. Respuestas, tenemos ya muchas, más de las que podamos recordar; quizá sean las nuevas preguntas las que nos ayuden a despertar a una nueva realidad.

Le preguntaron una vez a Helen Keller cuál era, según ella, la peor de las desgracias humanas. "Tener ojos y no ver", contestó.

2. Nuestras creencias nos encadenan

Lo que un hombre piensa de sí mismo
es lo que determina su destino.
Henry David Thoreau

Siempre he considerado de gran importancia y utilidad el hecho de permanecer abiertos a las opiniones y criterios de los demás, ya que son los diferentes puntos de vista los que nutren nuestra propia manera de pensar.

Por ello, creo que toda ideología que una persona defienda en forma extrema impidiendo el debate, la discusión o la duda, puede transformarse en una verdadera prisión para su propia mente, ya que la seguridad de sus dogmas no le permitirá estar alerta para recibir nuevo conocimiento.

Es así, las creencias que poseemos muchas veces nos encadenan, porque cuanto más rígidas y antiguas son, más difícil es que las podamos cotejar y enfrentar con nuestra propia realidad y con la de nuestros semejantes.

¿Hemos pensado alguna vez que las personas construimos nuestra vida, y nuestras creencias, en función casi exclusivamente de lo que nos han inculcado nuestra familia y nuestro ambiente social?

Cuando éramos niños nuestros padres nos enseñaron lo que era bueno y lo que era malo, lo correcto y lo incorrecto, lo que es importante y lo que no lo es. Aprendimos a calificar a personas y circunstancias basándonos en esas enseñanzas. El problema es que luego, de mayores, mantenemos ese pensamiento sin darnos lugar para la reflexión, para el análisis, para la propia elección, y terminamos convirtiéndonos en un reflejo de esas creencias inculcadas que se transforman en nuestra herencia cultural.

Como me comentó Joseph O'Connor, gurú de la programación neurolingüística (PNL), durante una cena: "… la cultura es *una* forma de ver la vida, no la *única* forma de verla…".

Lo que uno piensa o cree sobre la propia vida, es lo que marcará su destino, más que las cambiantes circunstancias exteriores. Por ello, antes de atender lo que dice una persona respecto de cualquier tema, es menester, sobre todo, saber cómo piensa. Ya lo decía el escritor y político español Juan Donoso Cortés: "Lo importante no es escuchar lo que se dice, sino averiguar lo que se piensa". Porque de los pensamientos y creencias surgirán las acciones del individuo.

Pero entonces, ¿qué habría pasado si hubiéramos nacido en otro país, si nuestros padres hubiesen profesado otra religión, pertenecido a otra corriente política o tenido otra percepción de la vida? Seguramente creeríamos en cosas totalmente diferentes de las que creemos ahora. Y con esa percepción diferente de la realidad, ¿estaríamos equivocados? ¿Cuál forma de pensar sería entonces la correcta, aquella o esta?

Una vez que forjamos nuestros pensamientos y juicios, sabemos lo difícil que resulta hacernos cambiar de opinión, porque nuestros conceptos sobre la realidad son fruto de la formación que hemos recibido, y representan nuestro refugio interior del cual, por temor, evitamos salir. Es así, no queremos que toquen nuestras frágiles creencias. Y debemos reconocerlo.

Benigno Morilla afirmaba que somos los dueños y señores de nuestros pensamientos y de nuestros juicios, y es allí donde debemos empezar a fomentar la felicidad y la paz.

En una reunión con mis compañeros de máster, hablando de nuestro futuro profesional, Anna, directiva de una empresa alemana, comentó: "El día en que acumule el suficiente dinero como para no trabajar más, entonces haré todo aquello que he estado postergando. ¡Haré lo que siempre soñé hacer!".

Anna poseía la férrea creencia de que acumular dinero para el futuro le proveería la fortaleza y seguridad interna necesaria para enfrentarse a sus sueños y desafíos.

Sin embargo, las cosas nunca suceden así; aquellas personas que se pasan la vida acumulando dinero en el banco para sentirse seguras y no se arriesgan por un sueño, nunca sentirán verdadera certeza y confianza en sí mismas. Miremos a nuestro alrededor los ejemplos: muchas de las personas más adineradas son al mismo tiempo las que se sienten más solas e inestables… Es lógico, temen perder todo lo que tienen. Es necesario resaltar que el camino hacia la seguridad no es un camino real, sino pura "ficción", porque la seguridad, en sí misma, también lo es.

La idea de Anna provenía de la experiencia lamentable que ella misma había vivido con su padre, un hombre excesivamente aventurero y arriesgado que no se preocupó por el futuro de su hija y acabó sus días mantenido por ella. Y ella culpaba a su padre por su propio modelo mental que la hacía pensar de esa manera. Anna había llegado a convencerse de que no pasaría nuevamente por esa experiencia, y actuaba en consecuencia.

Es así que, como dice Morilla, una vez que hayamos percibido claramente lo que nos llevó a formar un concepto o idea en la mente, habremos dado con la clave de nuestra forma de pensar y, por ende, de nuestras creencias. Esas creencias que muchas veces nos encadenan.

3. Somos parte de un todo

El arte de morir bien,
y el arte del bien vivir, son uno.
Epicuro

Somos parte de la naturaleza, que es equilibrio en su máxima expresión. Si observamos detenidamente cómo se desarrolla la vida en el mundo natural, advertiremos de inmediato que la armonía está presente en todo su reino.

Y así, como sus hijos, debemos dejarnos moldear y educar por el universo, ya que, según Rabindranath Tagore, aquel que no ha asumido su relación con el mundo "vive en una prisión de altos y sombríos muros".

Somos, en fin, parte de un todo, y cuanto existe en él está relacionado de una u otra forma. Así, todo lo que ocurre afecta y modifica nuestra estructura interna, es decir, nuestro entendimiento y comprensión de las cosas.

Esta realidad es difícil de asimilar para muchos, que se encuentran ciegos a todo lo que los rodea, obsesionados por alcanzar aquello que creen que necesitan, persiguiéndolo al precio que sea, aun en contra de las propias leyes naturales. Es allí donde quiebran el equilibrio existente, terminando con la armonía externa y con su paz interna.

Si pretendemos lograr una mente apacible, debemos comenzar por entender que somos parte de un todo, aceptando lo bueno y lo malo que nos suceda, dejando de manipular situaciones y personas para lograr nuestro fin "cueste lo que cueste".

¿Estamos tan seguros de que aquello que nos sucedió fue una tragedia? ¿Ha sido en realidad la peor experiencia de nuestra vida? ¿O en cambio fue la mejor lección que pudimos recibir? Y… ¿acaso sabemos con exactitud qué es lo mejor para nosotros?

Estoy convencido de que cuando nos empecinamos en obtener ciertos resultados forzando los acontecimientos, rompemos el equilibrio natural existente. Por ello es que debemos permitir que nuestra vida fluya hacia donde naturalmente se dirige.

Aprendamos a salir de nosotros mismos, observando la realidad desde afuera y sin involucrarnos emocionalmente con todo lo que nos sucede.

"¡Escapa de tu realidad!" –le decía un prestigioso psiquiatra a su angustiado paciente–. "¡Deja de querer ser protagonista y mira tu vida como si fuera de otro! ¡Sal por un instante de ti mismo y obsérvate desde afuera!"

Debemos intentar lograr una visión general de todo lo que nos sucede; solo así lograremos la objetividad necesaria para un correcto juicio.

León Tolstoi dejó escrito en su diario personal una conmovedora reflexión acerca de la muerte de su hijo, demostrando, a pesar de su dolor, una gran capacidad para transformarse en observador de su propia realidad: "Hoy es 28 de febrero, por la noche. Moscú. Enterramos a Vaniechka. Terrible. No, terrible no: un gran acontecimiento espiritual. Te doy las gracias, Padre. Te doy las gracias".

Las palabras de Tolstoi son de una gran fuerza reveladora, ya que ante la dolorosa muerte de su hijo tuvo la capacidad y grandeza espiritual para agradecerle a Dios por la experiencia. Es evidente que el gran escritor ruso comprendía profundamente que somos parte de un todo, y que existen cosas que escapan a nuestro entendimiento y control.

La tarde en que mi padre dejó de respirar en mis brazos, fui al comedor. En la mesa estaba la vieja Biblia medio desencuadernada, que siempre había acompañado a mi abuela. Con ansia instintiva de consuelo puse la mano sobre ella, mientras dirigía la mirada hacia la calle. De pronto sentí un calor por todo el cuerpo y una sensación de paz y luminosidad a mi alrededor.

Siempre he tenido una mente inquisitiva; más aún, mi formación en derecho me hizo una persona muy cerebral, por lo que intenté buscar una explicación racional a esa sensación que me recorría. Pensé que probablemente se trataba de una alucinación motivada por el dolor, pero no pude convencerme a mí mismo. Sin embargo, desde ese instante no he dudado nunca de que mi padre está espiritualmente vivo. Sé que vive y que vivirá siempre en mi corazón.

Hace unos meses envié un correo a mi familia agradeciéndoles, desde lejos, su cariño y apoyo; en especial a mis padres, por todo lo que hicieron por mí: la excelente educación y la buena alimentación que en la infancia me dieron, pero principalmente su cariño, que sin duda fue el mejor regalo que recibí de ellos. Concluí con un mensaje: "…al viejo, que está leyendo la carta junto con nosotros". Dondequiera que estuviese él, estoy seguro de que la leyó, porque un profundo consuelo descendió sobre mi alma.

Es confortante la experiencia de aceptar el curso de las cosas y ser observadores de nuestra propia vida. Porque solo observándonos "desde afuera" podemos poner las cosas en orden con objetividad y realismo. Aun así, esta forma de racionalizar la vida no significa liberarnos de lo emocional, ya que es estrictamente imposible salir completamente de uno mismo.

De hecho, Tolstoi no dejó de sentir dolor cuando reflexionaba acerca de la muerte de su hijo, sino que, desapasionadamente y con imparcialidad, analizó y aceptó esa dura realidad. Se posicionó como observador, aceptó la experiencia por la que estaba pasando y permitió que la vida siguiera su curso sin aferrarse a lo que ya no estaba.

Entendió finalmente que ser parte de un todo supone dejar nuestra vida en manos de una realidad que no controlamos.

4. Trazar nuevos mapas

Si seguimos haciendo lo que estamos haciendo, seguiremos consiguiendo lo que estamos consiguiendo.
Stephen Covey

A lo largo de nuestra vida recibimos una multitud de enseñanzas, que se transforman luego en la estructura formal de nuestra manera de pensar. La influencia ejercida por nuestra familia, la religión que nos inculcaron, la escuela que nos dio múltiples principios de vida, los compañeros de trabajo y los amigos con quienes crecimos, generan un resultado silencioso en nuestro inconsciente, que es el que da forma a nuestro *mapa*, al cristal a través del cual interpretamos la realidad.

Por lo tanto, si queremos cambiar nuestras acciones o conductas externas debemos ante todo cambiar los paradigmas o mapas de los que estas surgen. Para ello es de gran importancia que tengamos conciencia acerca de los condicionamientos que nos han influido a lo largo de nuestra vida, ya que cuanto más conocimiento tengamos de esa influencia, mayor será nuestra posibilidad de cambio.

¿Cómo trazar un *mapa* correcto?

En nuestros pensamientos reside la llama de la vida, a tal punto que siempre prevalece aquello en lo que tenemos fe, aquello en lo que creemos. Es así que cuando modificamos nuestra visión más íntima del mundo, trazando nuevos mapas y cambiando nuestras creencias, nuestra vida cambia en consonancia, porque somos en definitiva el reflejo de lo que pensamos.

Por ello debemos ser siempre conscientes de lo que "sucede" en nuestra mente, porque allí es donde se generan los pensamientos y los juicios que darán origen a nuestros actos, y para que estos sean útiles y realistas, los conceptos de los que surgen deben ser elaborados sin influencias externas que puedan hacer daño a nuestra independencia e identidad.

Hace un año atendí como *coach* personal a Jorge, un hombre de 45 años que lo estaba pasando muy mal con su jefe y llevaba cerca de nueve meses buscando otro trabajo.

—¿Qué tipo de trabajo te haría sentir pleno? –le pregunté.

—Me da lo mismo cualquiera. Acepto lo que sea, con tal de que me aleje de mi actual jefe. Me hace sufrir tanto que ya no sé ni quién soy. Estoy realmente amargado y muy cansado de estar así.

Posteriormente, Jorge me comentó que le costaba mucho presentarse a las entrevistas de trabajo, ya que tenía la íntima convicción de que no valía para competir con gente más capaz que él, y cuanto más lo rechazaban de los puestos a los que aspiraba, más desanimado se sentía, cada vez con menos fuerza para enfrentar otras entrevistas.

Jorge estaba experimentando la sensación de valer muy poco. Creía en las opiniones de los demás en lugar de creer en sí mismo. Le expliqué que la valía personal es un estado mental; que él podía elegir aceptar las opiniones de otras personas o mirar dentro de sí para encontrar la verdad.

¿Hemos reflexionado alguna vez sobre cómo la opinión de otras personas influye en nuestro pensamiento acerca de nosotros mismos y determina nuestra conducta diaria?

Trabajamos con Jorge sobre esta premisa y llegamos a una interesante conclusión: cuando nos enfademos con los demás o nuestra autoestima esté por los suelos, debemos pensar siempre que son nuestras propias creencias acerca de las personas y la respuesta a ellas lo que nos enoja e indigna, nunca las personas en sí mismas.

Por ello, le propuse analizar: *¿Qué te estás perdiendo ahora por pensar de esta manera? ¿Qué acabarás perdiendo si sigues así? Entonces, Jorge, ¿cuál sería una creencia un poco más productiva? Si decidieras cambiar, ¿cómo te sentirías? Debes analizar el "costo" de permanecer con esa creencia, y verificar si prefieres continuar en esta postura o intentar un cambio.*

Le pedí que escribiera tres nuevas creencias en reemplazo de la vieja creencia que lo llevaba a subvalorarse frente a los demás. Entonces le dije: *¡Empieza a actuar como si esas nuevas creencias fueran verdad! ¡Sigue adelante hasta hacerlas tan fuertes que reemplacen las viejas!*

Debes trazar un nuevo mapa que te permita desactivar tu antigua forma de pensar, porque las cosas suceden, no "te suceden". No tomes los acontecimientos como cuestiones que te pasan solo a ti, porque nos pasan a todos –concluí.

Al fin comprendió Jorge que lo que pensamos es, en definitiva, lo que gobierna nuestros actos. Por lo tanto, nuestra misión es cambiar esos pensamientos limitantes para poder elaborar nuevos y mejores *mapas* que nos permitan ver la vida en su real dimensión.

5. La experiencia es conocimiento

> *Lo trivial se enseña, lo profundo*
> *se aprende personalmente.*
> Julio Ballarini

El efecto comienza a hacerse evidente cuando la persona, a raíz de una experiencia más o menos traumática, advierte que el *mapa* de la realidad que ha dibujado no le permite llegar al punto elegido. De manera dolorosa descubre que necesita reformular su *mapa* para poder alcanzar la meta planteada, y para ello deberá utilizar toda su imaginación y creatividad.

En ese cambio de camino, es preciso tener en cuenta que algunas de las creencias que nos fueron muy útiles en el pasado nos pueden resultar inútiles en el presente, y que mantenerlas solo podría causarnos dolor y sufrimiento.

Por ello, es muy importante valorar adecuadamente lo que creemos para determinar si esas creencias son las que debemos tener, y las que *queremos* tener, para poder resolver correctamente los retos que la vida nos plantea hoy. La única forma de no quedar atrapados en nuestra propia educación es que las creencias que poseemos sean objeto de nuestra continua reflexión y análisis.

Muchas veces me he preguntado: ¿por qué defendemos con tanta pasión –y tal vez con miedo– las creencias que profesamos? ¿Acaso no nos damos cuenta de que son solo creencias personales, y que distan mucho de ser la verdad absoluta y la única realidad posible? ¿Por qué tenemos tanto miedo de aceptar que lo que creen los demás podría estar basado en argumentos tanto o más sólidos que los nuestros? ¿Por qué nos resulta difícil reconocer que su percepción puede ser tan parte de la realidad como la nuestra? Para la mayoría de nosotros resulta muy difícil desligarse de los viejos hábitos de pensamiento: "yo soy…", "este es el camino", "pertenezco a tal grupo o club", "creo en tal cosa"… Estamos convencidos de que nuestra particular visión del mundo es la acertada, a pesar de que haya sido fruto de la imitación y la falta de reflexión. Al adoptar estas posturas nos separamos, en realidad, de nosotros mismos, siendo en consecuencia incapaces de observar el proceso de la vida en su totalidad.

La raíz de este problema es comparar las cosas irreflexivamente con lo que "debe ser", como decía Sidelski. Las comparaciones son siempre injustas. Compararnos con otros, por ejemplo, significa medirnos como si fuéramos iguales, siendo que somos todos diferentes y únicos, por lo que, en realidad, no cabe comparación alguna. Compararme a mí mismo o mi pensamiento con lo que "debería ser" me limita, y hace que copie o siga sin reflexión modelos y comportamientos que no son los míos. Al actuar de esta manera siempre existirá el conflicto entre "lo que soy" y "lo que debería ser", anclándome en una visión *victimista* de la realidad.

Como decíamos antes: ¿no es evidente que cada individuo, según sea su país, religión o educación, tendrá distintas creencias y formas de ver la vida? ¿ Y no es además una realidad que cuando varias personas están contemplando la misma cosa, individuo o situación, cada una lo hace desde su particular punto de vista, casi siempre distinto del de los demás?

Así es, porque esas posiciones dependen de nuestra educación y experiencia personales que, como hemos visto, son enteramente circunstanciales. Por lo tanto, podemos decir que no existe una sola realidad, sino tantas como observadores haya.

Esa es la diferencia entre copiar de manera irreflexiva e imitar constructivamente: desde ese proceso de crítica de nuestras propias creencias podríamos llegar a acercarnos a las ideas de otros, pero asumidas ahora como nuestras y adaptadas a nuestra personal visión. No son copia de ideas ajenas; simplemente coinciden. Y así aprendemos también a aceptar lo que hay de bueno en los demás.

6. Creo mi propio mundo

Soy optimista porque no creo que sirva
de nada ser de otra manera.
Winston Churchill

El modelo que creamos para guiarnos se basa parcialmente en nuestras experiencias. Cada uno de nosotros podrá, pues, crear un modelo diferente del mundo que compartimos y, por lo tanto, sentir una realidad diferente, ya que no hay dos seres humanos que tengan exactamente las mismas experiencias.

Caben, pues, dos observaciones. Primero, hay necesariamente una diferencia entre el mundo y cualquier modelo o representación que hagamos de él. Segundo, los modelos que las distintas personas lleguen a crear serán, en principio, diferentes entre sí.

Es por ello imprescindible conocer el modelo de mundo de la persona si lo que nos proponemos es guiarla con éxito hacia el logro de sus objetivos.

Porque desde el momento en que la persona modifica favorablemente su percepción de sí misma y de su entorno, lo que creía fuera de su alcance puede convertirse en accesible. Es así como el *coach* y el *penelista* (profesional de la PNL) trabajan en la reorganización del modelo de mundo: un trabajo sobre los sistemas de representación, ya sean lingüísticos o sensoriales.

La comprensión de la distinción entre cambiar el mundo y cambiar la idea que nos hacemos de él es fundamental, ya que, como bien expresaba Korzybsky, todos sabemos en el fondo que una cosa es el mapa y otra muy distinta el territorio.

> Marcos Apiolazza, odontólogo de 33 años, creía que su carrera era lo primero, y que cuando estuviera económicamente estable sería el momento de disfrutar de un tiempo de calidad con su familia. Tonterías. Marcos nunca sentirá que tiene "todo bajo control". Siempre aspirará a tener más dinero ahorrado, más seguridad, más bienestar y comodidades…, con lo cual descuidará el verdadero tesoro de su vida: su familia, sus amigos y sus relaciones más queridas.

Trabajar compulsivamente hasta tener "todo atado" implica perseguir una falsa imagen (lo que hoy día le sucede a muchos). El error es no advertir que en esa carrera por acumular para el futuro están perdiendo el presente. Y algo muy importante: a fuerza de persistir en esa actitud, se termina privilegiando el sueldo por encima de la satisfacción personal y profesional. ¿Llegará un día en que Marcos advierta el tiempo que ha perdido en "acumular", e intente recuperar sus afectos? Quién sabe.

El problema de Marcos reside en que su *mapa* del mundo no es el correcto para transitar su particular camino, y no porque juzguemos arbitrariamente su actitud frente a la vida, sino porque sus actos no resultan congruentes con sus propios principios y valores.

Crear nuestro propio mundo supone no solo reconocer nuestras limitaciones, sino también advertir nuestra potencialidad como individuos. Esto nos lleva a pensar que aunque tengamos cosas que mejorar, son muchas las que nos mantienen fuertes en el camino hacia nuestros objetivos.

Es lo que le sucedió a Mara, una alumna mía de la Universidad Pompeu Fabra de Barcelona que me relató, en una de mis clases, cómo logró crear su mundo futuro sobre la base de su propia visión acerca de lo que deseaba lograr. Y lo consiguió a partir de un pensamiento positivo y esperanzador.

Mara llegó a la ciudad sin trabajo. A las pocas semanas, una empresa de telefonía móvil le ofreció uno que consistía en repartir folletos en la vía pública. Ella sabía perfectamente que por su formación profesional y dominio de idiomas estaba muy por encima de la exigencia necesaria para el puesto. Sin embargo, aceptó el ofrecimiento.

Un día en que se encontraba trabajando frente a la propia tienda de telefonía, su jefe inmediato la llamó. Le comentó lo sorprendido que estaba por los excelentes comentarios de los clientes respecto a su simpatía y amabilidad en el trato, y acto seguido le ofreció un puesto de dependienta en la tienda. No habían transcurrido ni tres semanas desde que había comenzado.

Ya en su nuevo cargo en la tienda de móviles, y a pesar de que continuaba pensando que tenía más capacidad que la requerida para el puesto, trabajó como si fuese el mejor trabajo de su vida, atendiendo con pasión al público que llegaba todos los días a la tienda.

Una tarde de otoño, un alto señor de prominente bigote se encontraba esperando su turno mientras Mara atendía con diligencia a los visitantes. Era tanto el entusiasmo con que atendía a un cliente ocasional, que cuando le tocó el turno al mencionado señor, este no dudó en ofrecerle trabajo en su empresa. Hoy Mara es responsable de una agencia internacional de modelos con sede en París, y se siente orgullosa de su trayectoria profesional.

Para *crear nuestro mundo* debemos no solo ser conscientes de nuestras limitaciones, sino verlas como un valor que nos puede conducir a nuestros objetivos. Nunca una debilidad es tal, solo lo es si nosotros ponemos energía en ella. Podemos crear para nosotros un mundo de éxito y resultados mediante el arte del pensamiento positivo. Todo está en nuestra mente.

Independencia

2ª práctica

Dirigir nuestras
necesidades

II

LA PRÁCTICA DE LA
INDEPENDENCIA

1. Valores = necesidades

> *El mantenimiento de la paz comienza con la*
> *satisfacción de cada individuo.*
> Dalai Lama

Actualmente, víctimas del vertiginoso ritmo que nos impone el sistema consumista, dejamos muchas veces de lado la reflexión y el análisis sobre cuáles son nuestras reales necesidades materiales y si estas, además, se adecuan o no a nuestros valores y principios.

Desafortunadamente, a raíz de esta apresurada forma de vivir, hoy nos falta el aplomo y la madurez necesarios para descubrir lo que realmente necesitamos para ser felices. Y lo peor es que muy a menudo solemos dejar ese fundamental análisis en manos de otros que nos aseguran que teniendo esto o aquello alcanzaremos la felicidad.

Pero, ¿acaso está mal trabajar para mantener un estilo de vida de confort y disfrute?; ¿es incorrecta o superficial esa forma de buscar la propia dicha?

Desde luego que es positiva toda tarea que realicemos con el fin de proveernos de lo necesario para nuestro bienestar material. Al fin y al cabo, estamos en el mundo y somos, al menos en parte, seres materiales. Lo importante es que primero y antes de eso debemos "dirigir" nuestras necesidades. Esto implica examinar si estas se corresponden con nuestros principios y forma de ver la vida o si, en lugar de ello, derivan tan solo de la influencia ejercida por un sistema que nos impulsa de forma mecánica, y sin permitirnos razonar, hacia las cosas que supuestamente necesitamos para "ser felices".

Porque cuando hablo de dirigir nuestras necesidades me refiero al hecho de dominar nuestra vida, precisamente para no ser dominados por ella.

La clave para escapar de tal dominio es adaptarnos a nuestros verdaderos principios, sin exigirnos logros o metas inalcanzables que asumimos por el solo hecho de estar impuestos por un particular "sistema de vida".

Entiendo que la sed de bienes materiales muchas veces nos obligue a obedecer tales impulsos, pero recordemos que esos deseos no constituyen la razón última del ser humano, ya que existen otras motivaciones además de lo estrictamente material.

Sabemos que ciertamente habría suficientes bienes para todos si los hiciéramos circular en lugar de acapararlos. Sabemos que no es necesario nadar en un mar de bienes materiales. Y sabemos también, muchas veces por experiencia, que acumularlos no conduce a la verdadera felicidad.

Son muchos los que han despreciado deliberadamente los bienes materiales para mostrar que el alma humana no debe obedecer a la presión de las necesidades o a la amenaza del sufrimiento. Gandhi fue uno de ellos; y así como el Mahatma nos mostró el camino de la abstinencia, Buda nos enseñó también que la raíz de nuestro sufrimiento era el deseo, y que si podemos controlar nuestros deseos (necesidades), podremos controlar nuestro sufrimiento.

¿Es preciso entonces que rechacemos los bienes materiales?, ¿es necesario que nos transformemos en seres espirituales y desposeídos?

Como expuso el propio Buda, no es necesario llegar a esos extremos de abstinencia y sacrificio, pero sí ser conscientes de que el deseo de bienes materiales, comodidades, logros y objetivos impuestos desde el exterior nos condena a la angustia y al sufrimiento, al no poder lograr un adecuado equilibrio entre el legítimo deseo y la obsesión impuesta por él.

Decía Gandhi que la realización no se obtiene con objeto material alguno, sino con el orgullo del trabajo bien hecho, demostrando con ello el desinterés que sentía hacia las cosas materiales que, en definitiva, no proveen la felicidad.

Sin embargo, la presión que ejerce el sistema de consumo es muy fuerte. ¿Cómo escapar a su influencia? ¿Cómo ser autónomos en nuestras decisiones?

En rigor, solo se puede llevar una vida verdaderamente independiente si rechazamos cada día las exigencias superfluas del vivir cotidiano, esas exigencias que nos vienen impuestas.

¡Resistámonos al marketing idiotizante que nos impulsa al consumo obsesivo! Si logramos esta proeza, reduciremos gastos y transitaremos más livianos al decidir nuestro camino por nosotros mismos, sin condicionamientos del entorno.

La mayoría de nosotros consume bienes por el solo hecho de poder hacerlo, y no porque sea indispensable para nuestra supervivencia o felicidad. Por ello, debemos ir reduciendo gradualmente nuestro consumo, ya que no es sano someterse a un estilo de vida que nos convierte en esclavos del sistema y no nos permite tomar decisiones de cambio.

Dejemos de lado el peso que nos mantiene inmóviles, cual si fuera un lastre, porque si efectuamos un viaje por la montaña hacia la cumbre, cada nuevo elemento que incorporemos en la mochila será causa de que hagamos más lento el andar hacia nuestro objetivo. En cambio, si vamos livianos, tomaremos decisiones que mejoren nuestra vida: quizá podamos dejar por un tiempo nuestro trabajo para intentar un camino de crecimiento personal y espiritual, o nos animemos a cambiar de país o ciudad, o podamos renunciar a una actividad o empleo que nos angustia por no responder a nuestra íntima vocación, pero al que nos hemos sujeto por haber sido durante años "el medio" para cubrir nuestras necesidades materiales básicas.

Pero si, como le ocurre a la mayoría de las personas, me encuentro atrapado en el laberinto de una hipoteca y el uso de las tarjetas de crédito se ha transformado en mi deporte favorito, si el pago de los caprichos de mis hijos, la cuota del coche y deudas en cuanta tienda hay son una forma "normal" de vivir, es muy probable que no pueda tomar decisiones que agreguen a mi vida algo de pasión o desafío, ni pueda cambiar fácilmente mi trabajo por otro que me haga vibrar, o que obedezca a mi real vocación, aunque implique una menor retribución económica.

Lamentablemente, me transformaré en un engranaje más de este sistema de vida, al que yo mismo he ayudado a dar forma. Habré caído en mi propia trampa, la trampa de la que muy pocos tienen el coraje de escapar.

Sin embargo, tomar una decisión de cambio y alejarme del sistema no me garantiza nada, salvo una gran dosis de incertidumbre: si dejo de ser parte de este sistema, ¿dejaré por ello de ser feliz?

Gracias a Dios, la felicidad no está hecha de bienes materiales. Una prueba de ello es que los placeres más grandes de nuestra vida no tienen precio, no hay que pagar para disfrutarlos. Miremos a nuestro alrededor: la belleza de una puesta de sol, los amaneceres, las noches estrelladas, las montañas; el encanto de los niños; el amor, el sexo; los amigos; los hijos, los nietos; los dones de los sentidos; la salud; la capacidad de elegir; incluso la propia vida. Todo eso, en realidad, es gratis. Intentemos descubrir la magia que supone disfrutar de ello.

Hay un relato judío, transmitido de generación en generación, que encuentro especialmente agradable y apropiado para expresar este punto:

> Un señor viaja desde un pueblo lejano para consultar a un famoso rabino. Llega a la casa de este y advierte, sorprendido, que los únicos muebles que allí hay son un colchón en el piso, dos banquetas, una silla miserable y una vela; por lo demás, la habitación está absolutamente vacía.
> Le hace su consulta. El rabino le contesta con verdadera sabiduría. Antes de irse, intrigado por la escasez de mobiliario, el hombre inquiere:
> —¿Le puedo hacer una pregunta más?
> —Sí, por supuesto.
> —¿Dónde están sus muebles?
> —Donde están los suyos –es la respuesta del rabino.
> —¿Cómo donde están los míos? Yo estoy de paso –dice el hombre sin terminar de comprender. Y el rabino contesta:
> —Yo también.

Estamos de paso en este mundo. "Somos efímeros", decía el Principito hablando de su rosa. Este hecho es una realidad, y hay que aprender a vivir enfrentándolo, no hay otra posibilidad.

Pensar que solamente valgo para los demás y para mí mismo según lo que consigo y las metas materiales alcanzadas, es una de las tantas trampas de nuestra cultura consumista, que nos lleva a pensar que solo soy valioso si logro determinadas cosas que me son impuestas por el sistema. Si no cumplo con esas metas o me aparto de ellas, no tengo cabida en la sociedad, y por lo tanto nada valgo.

Lo curioso es que la mayoría de nosotros admiramos y nos sentimos atraídos por las personas que representan los valores más humanos y que ponen su corazón en todo cuanto hacen. Esas personas son seguidas e imitadas, no por su cuenta bancaria, sino por lo que representan. Son personas de bien, comprometidas con el prójimo y amantes de su familia y amigos.

La paradoja es: si tanto respetamos a esa gente excepcional y su forma de vida, ¿por qué muchas veces actuamos en contra de los valores o principios que la inspiran? ¿Por qué seguimos un camino en el cual lo relevante son los logros profesionales, los bienes atesorados y el triunfo sobre el adversario?

Intentemos encontrar la respuesta.

2. Lo material, ¿da seguridad?

> *El hombre se convierte en la criatura*
> *de su uniforme.*
> Napoleón Bonaparte

Si una persona se siente insegura de su propia valía, capacidad y potencialidad, no hay duda: lo material la hará sentirse segura. Pero esta seguridad será temporal y ficticia, ya que al cabo de un tiempo volverá la incertidumbre inicial y la falta de confianza en sí.

Es muy lamentable llegar a ser un reflejo de lo que el sistema nos impone: bienes materiales para dar contenido y sentido a nuestras vidas.

¿Por qué cuanto más ricos somos y menos enfermedades somáticas sufrimos, más enfermedades mentales padecemos?

Lamentablemente, los valores que hoy tenemos no son muchas veces los óptimos para llevar adelante una existencia digna. Hay mucho materialismo y exhibicionismo en las pantallas de nuestras vidas. Por ello no es casual que a medida que crece la "prosperidad" aumenten al mismo ritmo los trastornos mentales.

Existen legiones de personas empecinadas en acumular riqueza y fama sin entender que para encontrar la verdad y las respuestas debemos alejarnos de esa obscenidad material y buscar dentro de nosotros mismos.

Por desgracia, estamos absortos por el afán de lograr objetivos y acumular bienes. Muchos se dejan encandilar por las luces del materialismo y la opulencia, sin darse cuenta de que, en el camino, pierden el valor más preciado: su libertad de decisión.

Luego de una guerra, Sócrates perdió toda su fortuna, que no era mucha pero le permitía vivir modestamente, sin preocupaciones. Sin embargo, de la necesidad hizo virtud, y frente al lujo que permitía la prosperidad comercial de Atenas, él oponía el ejemplo de una vida austera. En una oportunidad, viendo la abundancia de objetos que se exhibían en los comercios, exclamó: "¡Cuánto es lo que no necesito!".

Abramos los ojos para no caer en la trampa de pensar que necesitamos tantas cosas para ser felices. Luchemos sin cuartel para lograr nuestros más anhelados deseos, pero no nos aferremos a ellos. Enfrentemos la situación con calma. Hagamos todo lo necesario para alcanzar los objetivos propuestos, pero sepamos en lo más profundo de nuestro corazón que no son indispensables para nuestra felicidad. Pensemos: *Si no logro ahora mi objetivo no pasa nada, ¡sé que no lo necesito para ser feliz!*

En ocasión de un seminario que me encontraba dictando en Pamplona, España, al abordar el difícil tema de la seguridad material de nuestro tiempo, hablando de la ostentosa manera en que los bienes materiales dominan nuestra vida, uno de los participantes inquirió:

—Pero, entonces, ¿está bien o mal disfrutar de las posesiones materiales?

—¡Está bien! Siempre y cuando puedas ser el dueño de ellas sin que ellas se adueñen de ti –respondí serenamente.

En lo personal, la dura experiencia de haber vivido la última crisis económica de Argentina significó para mí una muestra patente de que las posesiones materiales son tan efímeras como la propia vida. Luego de perder mucho de lo ahorrado con tanto sacrificio durante años, pude comprender que la mejor inversión que uno puede hacer es capacitarse.

"¡Eso sí que no me lo quita nadie!", me dije, y me fui a España a buscar nuevos rumbos intelectuales y académicos. Tras años de estudio en administración y dirección de empresas, programación neurolingüística, *coaching* e inteligencia emocional con los mejores profesionales, aprendí mucho. Aprendí, entre otras cosas, que el principal objetivo en nuestra vida no debe ser acumular bienes como único fin, sino orientarnos hacia la capacitación permanente, hacia el incremento del conocimiento. Esto nos permitirá abrir un enorme abanico de posibilidades y erigirnos en individuos económicamente independientes y seguros. Y lo que es mejor: nadie nos podrá privar de tan importante y trascendente patrimonio.

La seguridad interior no depende de que juntemos una determinada cantidad de dinero o bienes, ni del trabajo o posición que tengamos; depende de nuestra imaginación, creatividad, educación y valores. Depende de nuestra capacidad para aprender, procesar, aportar, sumar y adaptarnos.

En una de mis clases de la universidad nos encontrábamos hablando del liderazgo personal y el espíritu emprendedor, cuando un alumno me dijo:

—Es muy interesante todo lo que expone, pero sin dinero uno no puede ser ni independiente ni emprendedor para montar su propio negocio.

—Según mi posición –le contesté–, la verdadera independencia económica no consiste en tener bienes o riquezas materiales, sino en poseer la capacidad y competencia para producirlos.

Hoy podemos disfrutar de una vida de bienestar material que nos llene de placer. Pero nuestro bien más valioso no es nuestra casa, nuestro coche o nuestro dinero guardado en el banco sino, en rigor, la personal aptitud para generar dinero y proveer lo necesario para nuestras personales necesidades.

Las personas que piensan que el dinero es un recurso escaso tienen la tendencia a acumularlo y guardarlo bajo el colchón en lugar de invertirlo; en cambio, las que creen en sí mismas valoran la capacidad que poseen, y tienen la seguridad de que pueden ganar más.

El dinero ha de circular, ya que es una forma de energía, y la energía en movimiento es más productiva que la energía en reposo.

Invirtamos el dinero en nuestros más preciados sueños y proyectos. Porque cuando se gasta prudentemente, este aumenta. Recordemos: el dinero es un muy buen servidor, pero un muy mal amo.

3. Abrirnos a las alternativas

> *Si de algo soy rico es de perplejidades*
> *y no de certezas.*
> Jorge Luis Borges

Una de las formas que tenemos de abrirnos a una multiplicidad de alternativas en la vida es reconocer que para obtener lo que deseamos es preciso renunciar a la dependencia de eso que deseamos.

En el preciso momento en que dejamos atrás la dependencia respecto de un objeto o un resultado concreto, se empiezan a acomodar las cosas para lograr lo que deseamos. Ese apego irracional es simplemente inseguridad y miedo a lo incierto, como consecuencia de nuestra falta de conocimiento interno.

Porque el sentimiento de vacío que experimentamos cuando creemos que necesitamos algo especial que nos haga felices, es consecuencia de nuestra propia debilidad interior.

¿Cómo debemos actuar para no vivir apegados a un resultado concreto?

La clave es comportarnos de un modo independiente a la consecuencia de nuestra actuación, lo cual es signo de gran riqueza y completitud de espíritu en el individuo que sabe que, al renunciar a una única conclusión excluyente de sus actos, surgen múltiples opciones de creación.

> "¡Hagamos una cosa!", les dije en una ocasión a mis alumnos de la universidad. "Pensemos por un instante y como ejercicio práctico, que el resultado de nuestro desempeño en la empresa ha sido desastroso, o, lo que es lo mismo, que en este preciso momento no tenemos nada, absolutamente nada; que hemos perdido todo: el apoyo de nuestra familia, nuestro dinero, nuestros más valiosos bienes, y que debemos empezar desde cero en nuestras vidas".
> "Si esto sucediera –añadí–, seguramente al principio nos sentiríamos desamparados por el *shock* de la situación, pero, luego, ¿no experimentaríamos un cierto sentimiento de libertad y de apertura a múltiples oportunidades? ¿No sentiríamos la adrenalina del desafío estimulando nuestro cuerpo? ¿No tendríamos curiosidad frente al nuevo y misterioso porvenir?".

Preciso es que aceptemos las reglas de juego de la vida tal como esta se nos presenta, porque en la aceptación de la incertidumbre que la existencia implica encontraremos la libertad para crear cuanto deseemos.

Pero, ¿acaso está mal buscar la tranquilidad que me puede proporcionar una buena situación económica?

Es normal que busquemos la seguridad que nos puede otorgar el dinero. El problema es que al mismo tiempo que procuramos ese sentimiento de seguridad, nuestra mente se nos va entumeciendo al concebir la riqueza como un refugio seguro. Como decía Anthony Sanford, los sentimientos de certidumbre tienen la desgraciada propiedad de cerrar la mente.

Estoy convencido de que resolveríamos nuestra búsqueda incesante de seguridad y certeza si permitiéramos que las acciones que emprendemos sigan su curso natural, sin aferrarnos a una consecuencia determinada. Ese voluntario desapego hará que, al no sentirnos dueños absolutos de nuestro destino, vivamos una vida de emociones, aventura y misterio, ya que cada día traerá nuevos y sorprendentes desafíos.

El camino que debemos transitar no lo conoce nadie de antemano, y no es posible "asegurar" su itinerario. Como escribió Edith Stein en su obra *Ser finito, ser eterno*: "Lo que no estaba en mis proyectos, estaba en los proyectos de Dios".

¿Acaso está mal planificar nuestro futuro?

No está mal, desde luego, siempre y cuando no represente una forma compulsiva de buscar seguridad. Debemos aceptar el curso de nuestra vida tal cual es, ya que si pudiéramos saber de antemano lo que nos va a suceder, aferrándonos así a ese futuro, nos cerraríamos a miles de oportunidades que darían color y emoción a nuestra vida.

Abrirnos a la gama de opciones que se nos presenta es la única forma de sentirnos plenos y permanentemente jóvenes, porque estar abiertos a la vida no significa que no sepamos lo que queremos o que hayamos perdido el rumbo. Como sabiamente decía Tolkien: "No toda la gente errante anda perdida".

De esta manera, si nos mantenemos receptivos a todas las posibilidades que se nos presentan, finalmente se manifestará aquella oportunidad que nos traiga un gran crecimiento personal, no solo a nosotros, sino también a los que nos rodean. Todo depende de cómo enfrentemos nuestros desafíos y cómo resolvamos sus acertijos.

Hace unos meses recibí una llamada de Enrik, alumno de la universidad en la que dicto clases, para comentarme que dos directivos de un club de fútbol le habían hecho la propuesta de incorporarse a la institución para hacer prácticas profesionales. Me preguntaba qué opinaba de dicha propuesta.

Le respondí que a la hora de tomar alguna decisión en nuestra vida es útil, como primera medida, una correcta reflexión de la situación y, luego, detenernos a observar nuestras habilidades y limitaciones, en lugar de obedecer a nuestro primer impulso, generalmente motivado por predisposiciones nada razonadas. Le mencioné que a veces podemos reaccionar de una determinada forma sin tener plena conciencia de nuestro comportamiento, y luego pagar cara la falta de reflexión y análisis.

Le conté que es esto lo que le sucedió a mi amiga Mercedes, de Barcelona, una mujer muy capaz que posee una gran cultura. En una ocasión, durante una entrevista de trabajo le hicieron una oferta que parecía interesante, pero a la que ella sin pensar contestó: "Muchas gracias, pero no acepto; considero que mi curriculum es muy superior al que se requiere para el cargo que me están ofreciendo". Dio media vuelta y se marchó.

Al principio no entendí bien su reacción –le dije a Enrik–, pero luego de un tiempo comprendí que mi amiga había actuado por simple reflejo y sin razonar, basada en su enorme autoestima y las expectativas desmesuradas que tenía sobre su futuro laboral.

¿Y por qué muchas veces actuamos así? Simplemente porque pensamos que, por nuestras habilidades y experiencia, hay trabajos que no estamos dispuestos a hacer, que nos denigrarían personal y profesionalmente.

Sin embargo, si es esa la circunstancia que nos toca vivir, y por el momento esa oferta de empleo es la única que tenemos, una manera más adecuada de comportarnos sería decir: "Gracias por su oferta. Acepto el empleo". Y pensar: "Verán cómo luchando y dando lo mejor de mí en este trabajo, conseguiré muy pronto uno que esté a la altura de mi capacidad y experiencia".

Entonces, ¿cómo debemos actuar?

Comencemos por donde nos sea posible, abriendo siempre los ojos, porque si nos entregamos de lleno a lo que hacemos, las oportunidades empezarán a buscarnos. Esto supone abrirnos a las distintas opciones que nos ofrecerá nuestra posición: nuevos amigos, contactos, experiencias y conocimiento.

No existe un solo y único camino para llegar a nuestros objetivos. Es importante estar abiertos y sensibles a las oportunidades que nos propone la vida. Porque lo que hoy estoy viviendo puede ser el trampolín que me lleve hacia el siguiente desafío y, en definitiva, hacia mi objetivo principal.

Lo que necesitamos para alcanzar nuestros anhelados sueños es abrirnos a las alternativas que la realidad nos propone, yendo siempre hacia adelante y sin temor, cada vez más alto porque, en la vida, si no subes te caes.

4. ¡Deja de luchar!

Si nuevamente viviera, quisiera que la vida fuese
tal como ha sido. Solo abriría un poco más los ojos.
Jules Renard

En mi actividad profesional de consultor y *coach* personal he escuchado relatar muchos de los problemas humanos existentes hoy en la sociedad. Aunque es cierto que no hay dos problemas iguales, puesto que el hombre es infinitamente complejo, sí puedo decir que quienes requieren mis servicios y asistencia poseen un rasgo en común: todos han intentado resolver algún problema… sin lograrlo.

Por lo general, desde la primera cita, quienes me consultan manifiestan abiertamente su preocupación: "He intentado por todos los medios solucionar tal problema, pero no encuentro la salida… ¿Qué debo hacer?… ¿Cómo seguir mi camino con esta carga que tanto me angustia?…".

Luego de indagar, junto a la persona, en la estructura de sus creencias y pensamientos acerca de lo que cree que necesita para lograr su equilibrio personal, intento brindarle una guía que le permita continuar su propio camino con más energía y convicción.

> En una ocasión, Raúl, profesional de la salud, se encontraba en un duro trance que lo hacía sentirse muy desdichado. Y estaba empecinado en la búsqueda de una solución. Había hecho todo lo que estaba en sus manos, pero no le encontraba salida a su particular situación. Finalmente, había perdido la alegría de vivir y se encontraba seriamente decepcionado.
>
> La sugerencia que le di en esa ocasión fue muy simple, pero que le resultara útil dependía de que él estuviera comprometido con el proceso de su propia mejoría y que confiara realmente en su capacidad de cambio. Lo que le dije en tono enérgico fue: "¡Deja de luchar!".

Puede que suene un poco disparatado, ¿no es así? O quizá derrotista. Pero no lo es. Luego de trabajar con muchas personas con limitaciones y obsesiones respecto de sus propios problemas, es una de las fórmulas generales más eficaces que conozco.

Y la razón es esta: dentro de nosotros existe una maravillosa reserva de valor, energía y cordura que rara vez utilizamos. Esta reserva es el subconsciente o, más exactamente, la mente inconsciente. Ella suministra, bajo distintas formas, el dinamismo que impulsa la vida.

La energía que proviene del inconsciente es casi ilimitada, pero los circuitos que conducen esa energía pueden estar bloqueados por el desaliento, la tensión y la angustia, o por emociones no menos destructoras, como el temor, el odio, la culpa y la cólera.

Muchos de mis clientes se encuentran en una dura batalla con su mente para intentar resolver sus problemas. Están tan seguros de que encontrarán una respuesta en la razón, que cierran todos los canales de comunicación con su inconsciente, impidiendo que fluya nueva energía, sin entender que es la mente total la que por fin nos dará la respuesta que necesitamos.

¿Qué sucedería si, en vez de empecinarnos recurrentemente en aplicar las mismas ideas, dejamos de lado ese pensamiento dominante que nos hace creernos superiores y capaces de solucionar solos nuestros problemas? ¿Y si nos relajamos y permitimos que fluya la energía?

> Hace algunos años, viajando por los Pirineos franceses, tuve la oportunidad de hablar con el responsable del santuario de Lourdes. Advertí que una gran parte de las personas que se dirigían allí lo hacían porque habían llegado al agotamiento de sus fuerzas, tanto físicas como psíquicas. Habían sufrido grandes pérdidas y frustraciones en sus vidas, tantas que les impedían continuar su camino. Incluso muchas se encontraban gravemente enfermas, y después de haber hecho cuanto podían y de agotar los recursos de la ciencia médica, no les quedaba más solución que poner su fe en Dios. Finalmente, habían dejado de luchar.

El consejo de "dejar de luchar" o "cesar en el empeño" no va dirigido a quien solo ha hecho un débil esfuerzo para ayudarse a sí mismo o no lo ha intentado siquiera. La clave es intentar todo lo materialmente posible para lograr nuestras metas, pero, luego de haber puesto todo nuestro empeño, soltarnos, relajar nuestro interior para que las fuerzas de la naturaleza hagan su trabajo.

Es preciso desechar la ilusión de supremacía de la personalidad consciente, ese "orgullo del intelecto", como lo calificaba un viejo sacerdote, para que puedan entrar en acción las fuerzas curativas del inconsciente.

La persona aquejada de un dolor o un problema tiene que aprender a pensar y obrar de forma tal que se desatasquen los canales de comunicación que van de la mente inconsciente a la consciente, para que pueda fluir aquella energía. Todos los médicos han visto casos en que un enfermo desahuciado reacciona milagrosamente porque su familia lo necesita y él toma la firme resolución de no morir.

De la misma manera, antes de comenzar un proyecto o plantearnos un objetivo y descargar toda nuestra energía en su concreción, es necesario que comprendamos los principios que rigen nuestra mente inconsciente.

Si dejamos, por tanto, de luchar empecinadamente con nuestra razón, y le damos espacio al inconsciente, sentiremos todo el influjo de su energía armonizadora. ¡Confiemos en la fuente inagotable de poder y sabiduría que hay en nuestro interior!

5. No aferrarnos a las cosas

No llores porque ya se terminó,
sonríe porque sucedió.
Gabriel García Márquez

Hace un par de meses, en una distendida charla con un psiquiatra amigo, hablábamos sobre el auténtico flagelo en que se ha transformado la lucha descarnada de los hombres por adquirir bienes y consumir todo tipo de servicios, y cuán individualista y competitiva se había vuelto la sociedad actual.

Tras unos minutos de silencio, mi amigo, que tiene una frase para cada ocasión, repuso: "Lo único que verdaderamente tenemos es aquello que no podríamos perder en un naufragio". Asentí en silencio.

Si queremos hallar el camino hacia un equilibrio duradero, es de trascendental importancia que entendamos la inutilidad de aferrarnos a las cosas materiales para sentirnos completos y seguros.

Pero, si perdemos nuestros bienes materiales, ¿qué nos queda?

Antes que nada, debemos entender que "en esencia, somos espíritu", como enseña Deepak Chopra, y que si nos elevamos por sobre nuestra propia sed de bienes, nuestro afán de reconocimiento y nuestro propio temor, finalmente podremos comprender que ninguna pérdida material, por importante que sea, nos podrá despojar de la verdad que reside en nuestro interior.

Porque cuando el hombre se encuentra en estrecho contacto con la vida y la naturaleza, no siente deseo alguno de poseer más, ni de guardar todo bajo llave. No busca ya atesorar bienes sino explorar la vida.

El individuo que se ocupa todo el día en acumular vive en un desequilibrio constante que le impide comprender la armonía del mundo espiritual. Es un verdadero esclavo de sus bienes, y por ello sufre cuando no tiene lo que ambiciona o llega a perder lo que tenía.

El temor a perder lo que tiene lo hace aferrarse a la gente que lo rodea de manera compulsiva, del mismo modo que se aferra a sus posesiones, demostrando con ello un temor descomunal a estar solo. Se transforma en un verdadero dependiente, en una víctima.

Porque cuanto más débiles seamos internamente, tanto más trataremos de acumular riquezas para sentirnos seguros e intentar atraer a los demás, junto con el reconocimiento y la posición social que nos libere de nuestra sensación de vacío y soledad.

En la época en que tenía 13 años, mis padres administraban un complejo vacacional llamado La Frisia, en las afueras de Buenos Aires. Fueron esos días de incertidumbre y angustia en mi familia, ya que unos años después de inaugurar con gran ilusión el negocio, nuestra situación financiera comenzó a deteriorarse. Se encontraba tan débil que no nos quedó más remedio que entregarles las llaves del establecimiento a nuestros acreedores.

No solo perdimos todo el trabajo realizado durante esos años, sino que perdimos también nuestra casa que tanto sacrificio nos había costado construir. Incluso, en los meses posteriores, mi padre tuvo que vender los valiosos muebles, herencia de sus abuelos españoles, para poder dar de comer a su esposa y sus cinco hijos, entre ellos yo.

Sin embargo, estos hechos no hicieron mella en su espíritu, y una tarde de agosto nos reunió en el salón de nuestra nueva casa alquilada para decirnos que no nos preocupáramos por lo que estaba sucediendo.

En eso mi hermano pequeño, de tan solo 10 años, dijo:

—Pero si ni siquiera tenemos muebles en la casa… ¿Qué nos queda por perder?".

—No te inquietes, Alberto, lo que hemos perdido no tiene mayor importancia. Lo relevante es que estamos unidos y con fuerzas para juntos salir adelante. Tenemos salud, educación, coraje, experiencia, y lo más importante de todo: *nos tenemos* los unos a los otros, y eso no hay dinero en el mundo que pueda comprarlo –le respondió mi padre con serenidad.

Es preciso que nos liberemos de las cadenas del deseo material y valoremos todo lo que tenemos de bueno en la vida, ya que el estar satisfechos con lo que nos toca en suerte, sin codicia ni envidia hacia los demás, es un signo de equilibrio, que nos provee de un especial estado de armonía interior. Como dice Chopra, la paz de nuestra alma se alcanza cuando nos fijamos en lo que poseemos, no en lo que nos falta.

No es casual, entonces, que el deseo de poseer y acumular nos haga caer en las redes de nuestro propio sufrimiento, al que Buda atribuía una sola raíz: el deseo. El sufrimiento tiene solución, y la solución es dejar de desear. ¡Dejemos de pretender tener todo lo que ambicionamos, y el sufrimiento desaparecerá!

Pero, ¿acaso debemos dejar de plantearnos objetivos en la vida?

No quiero decir con esto que no debamos tener anhelos, sueños y proyectos, sino que no debemos sufrir si no llegamos a alcanzar las metas que nos pusimos al tenerlos. Al contrario: tener objetivos en la vida es bueno. ¡Luchemos con fuerza para lograr esos objetivos! El error está en aferrarnos a ellos como único resultado aceptable de nuestro esfuerzo, porque si no nos es posible alcanzarlos, nos hundiremos en un foso demasiado profundo para poder salir después. No se trata de dejar de luchar constructivamente, sino de dejar de estar condicionados por un resultado exitoso.

Ese extremo deseo no es otra cosa que la codicia, respecto de la cual León Tolstoi escribió en su diario: "Acabo de conversar con Sasha. Me habló de la codicia de los niños y de los cálculos que hacen a propósito de los escritos que pasarán a ser de su propiedad cuando yo muera, y, por lo tanto, de mi muerte. Qué pena me dan. Les di todo lo que poseía en vida para que no cayeran en la tentación de desear mi muerte, y de todas formas la desean. Sí, sí, sí".

Sus palabras nos hacen reflexionar, una vez más, sobre lo difícil que es en nuestra sociedad actual encontrar a alguien que se despoje de sus bienes, como hizo el escritor ruso, para transitar el camino más liviano. La sola idea de liberarse de las propias posesiones es prácticamente desconocida para nosotros, porque en la actual sociedad consumista, de hecho, hemos multiplicado nuestras posesiones, pero reducido nuestros valores; y es así como tenemos casas más grandes, pero familias más chicas. Y ello, aunque a veces no queramos admitirlo, nos afecta en lo más hondo de nuestro corazón y nos lastima el alma.

El lama Tubten Wanchen, presidente de la Casa del Tíbet en Barcelona, a quien tuve el placer de conocer en la hermosa Ciudad Condal, dijo con ironía una fría tarde de otoño en que lo entrevistaban para un periódico: "Es así, nuestra nueva religión está representada por lo material y el confort que ello nos proporciona; es normal entonces que las iglesias estén vacías y los hipermercados llenos".

El apetito insaciable por poseer como medio de ser perturba el razonamiento, dejando al ser humano atrapado en su propio ego. Porque la mayoría de las veces, a pesar de que sus bienes le pesan, no los sabe rechazar. Parece que se le adhieren como una segunda piel, que amenaza sangrar si intenta arrancarla.

¡Seamos conscientes! Desechemos esa idea de poseer para ser que es el clásico argumento de las víctimas, y admitamos finalmente que la riqueza consiste mucho más en la visión protagonista del disfrute que en el mero hecho de la posesión.

Elección

3ª práctica

Elegir el propio camino

III

LA PRÁCTICA DE LA
ELECCIÓN

ELEGIR EL PROPIO CAMINO

1. La experiencia de Mark

> *La valentía no es la ausencia de miedo, sino juzgar*
> *que algo es más importante que el miedo.*
> Ambrose Redmoon

Una mañana lluviosa, a los 35 años de edad, cuando iba a recoger su nuevo y flamante Jaguar negro, Mark se encontraba en el punto más álgido de su existencia.

Esta vez lo había conseguido: Mark Albion, pequeño gran hombre, ex niño prodigio, profesor de la Harvard Business School, más joven que muchos de sus alumnos, había llegado a la cima.

Era profesor en Harvard y estaba reconocido en el ámbito nacional como uno de los jóvenes profesores de escuelas de negocios más relevantes de los Estados Unidos, estatus que le permitía el lujo de cobrar nada menos que 5.000 dólares diarios por labores de consultoría.

Entonces sonó el teléfono. Era su madre, pidiéndole que se vieran por la tarde. Ese mismo día, a las seis, Mark iba a bordo de su Jaguar convencido de que estaba en lo más alto de su carrera.

Algo más tarde, su madre, sentada en el sofá, le decía: "Tengo algo que comunicarte". Hizo una pausa y continuó: "Tengo cáncer".

El rostro de Mark palideció. Enseguida su mente se llenó de preguntas: ¿qué está sucediendo? ¿Cómo puede ser que mi madre se esté muriendo y yo no pueda hacer nada? ¿Cuándo acabará esta horrible pesadilla…?

De su enfado surgieron, luego, otras preguntas: ¿cuál era la razón de estar viviendo de la manera en que lo hacía? ¿Qué precio tan alto estaba pagando por su éxito? ¿Qué equivocado concepto lo hacía vivir de la manera en que vivía, sin poder disfrutar de una madre que estaba orgullosa de él y a quien amaba?

A lo largo de los meses que siguieron, llegó a valorar una relación a la que anteriormente no había brindado mucha atención y a reconocer el mérito de la dedicación de su madre mientras él se hallaba obsesionado por su propio trabajo.

¿Tomaría él otro rumbo? ¿Tendría el coraje de abandonar su absorbente trabajo para intentar poner orden en su acelerada vida? ¿Dejaría ese ritmo de vértigo ahora que había recibido la señal para tomar conciencia al respecto? ¿Lucharía por lograr el equilibrio y la paz?

En un mundo en el que pasamos la mayor parte de la vida persiguiendo y acumulando las recompensas materiales que el sistema nos impone, no resulta sencillo obedecer la voz interior que nos impulsa al cambio.

¡Deja de correr! ¡No sigas adelante o tu vida perderá su rumbo! ¡Intenta salir de la vía rápida y construye tu propio camino! ¡Elige ahora que puedes hacerlo!

Es ineludible, para el ser humano, sufrir algunas crisis a lo largo de la vida. Todos, en mayor o menor proporción, las hemos tenido. Las preguntas que se imponen son: ¿cómo hemos actuado frente a la crisis y el sufrimiento? ¿Cómo hemos reaccionado luego de una gran pérdida o fracaso? ¿Cómo nos ha afectado una ruptura sentimental, la quiebra de nuestra empresa, la muerte de un ser querido…?

Hacernos estas preguntas y reflexionar para obtener respuestas, es de una enorme importancia, ya que de ello se desprenderán las claves que nos indiquen qué aspectos de nuestra propia vida deberemos modificar para lograr ese equilibrio tan necesario.

Muchas veces pienso: lástima que haya que vivir en "original" y no se pueda vivir en "borrador", para poder corregir los errores cometidos en el camino. Pero luego reflexiono: ¿no será esa la magia? Porque, si pudiéramos practicar antes de vivir, ¿sería igual de emocionante la vida? Seguramente no. De hecho, lo emocionante es que existe una sola oportunidad para jugar este juego, porque la vida es como una moneda: puede uno gastarla como le apetezca, pero solo puede gastarla una vez.

Y en esa única oportunidad que nos da la vida, ¿cómo lograr conciliar el crecimiento espiritual que nos llene internamente con el deseo de gozar de bienes materiales que nos hagan más placentera la existencia? ¿Cómo abandonar los viejos esquemas y comenzar a considerar nuevas formas de existencia y desarrollo? ¿Cómo diseñar una vida exitosa y plena de significado?

La clave es, entonces, despertar y tomar conciencia, analizar nuestros viejos y arcaicos paradigmas y condicionamientos, e intentar elegir conscientemente nuestro destino. Este desafío depende de nuestra propia "receta", solo de nosotros, y de nadie más.

2. Seamos creativos

La educación no consiste en llenar un recipiente,
sino en encender un fuego.
William Butler Yeats

Muchas personas estudian solamente con el objetivo de obtener un empleo, y es esa, al parecer, toda la aspiración que tienen en la vida. Se preparan solo para aprobar ciertos exámenes y después, por el resto de sus vidas, realizan una actividad o profesión que no aman.

Pero educarse, aprender y estudiar no consiste simplemente en lograr ser capaces de leer, escribir y aprobar exámenes; cualquiera puede hacer eso. La educación consiste en desarrollar nuestra inteligencia y creatividad. Y somos realmente inteligentes y creativos cuando no tenemos temor.

¿Cuándo surge el temor en el individuo?

El temor se manifiesta socialmente cuando estamos pendientes de lo que los demás puedan decir de nosotros, cuando somos frágiles ante las críticas ajenas. Esto sucede con frecuencia cuando somos jóvenes y tememos ser castigados o fracasar en una tarea, pero también cuando, siendo adultos, permitimos que las críticas negativas de otros afecten indebidamente nuestra propia valoración de lo que hacemos y somos.

El temor es una verdadera barrera para la inteligencia, ya que si uno está atemorizado, no puede haber iniciativa en el sentido creativo de la palabra. Y tener iniciativa es hacer algo original, hacerlo espontáneamente, en forma natural, sin ser forzado, guiado ni controlado.

¿Cuál es la consecuencia de tener miedo?

El fruto del miedo es una gran tendencia a imitar. ¿No lo han notado? Las personas que tienen miedo imitan a otras; se aferran a la tradición, a sus padres, a sus esposas o maridos, a sus hermanos. Y la imitación destruye la iniciativa. Lo peor es que el miedo no conduce a ninguna parte. O, por lo menos, a ninguna parte interesante.

El problema empieza desde la infancia, y tiende a hacerse grave cuando llegamos a la edad madura, porque cuando somos mayores nos cuesta mucho más cambiar nuestras tendencias, y entonces el temor a cambiar, a afrontar nuestra propia vida, nos penetra y se transforma en nuestro compañero de viaje.

Hay un cuento de Helen Buckley que me gusta mucho y refleja la causa por la que hemos perdido la iniciativa y la creatividad en todo lo que hacemos, cuando nos queda como único legado la costumbre y la imitación.

En una oportunidad, un pequeño niño fue a la escuela. Era él muy pequeñito, y la escuela muy grande. Una mañana, la maestra dijo: "Hoy vamos a hacer un dibujo". "¡Qué bueno!", pensó el niño. Le gustaba mucho dibujar y podría hacer muchas cosas: leones y tigres, gallinas y vacas, trenes y botes. Sacó su caja de lápices y comenzó a dibujar. Pero la maestra dijo: "¡Esperen!…, no es hora de empezar", y esperó hasta que todos estuvieron preparados.

"Ahora –dijo la maestra–, vamos a dibujar flores". "¡Qué bueno!", pensó el pequeño niño. "Me gusta mucho dibujar flores". Y empezó a dibujar preciosas flores con sus lápices de colores. Pero la maestra dijo: "¡Esperen! Yo les enseñaré cómo", y dibujó una flor roja con un tallo verde. "Aquí está –dijo la maestra–, ahora pueden empezar".

El pequeño miró la flor de la maestra y después la suya. A él le gustaba más su flor que la de la maestra; pero no lo dijo. Solo tiró su papel, tomó otro, y dibujó una flor roja con un tallo verde igual a la de su maestra.

Otro día, cuando el pequeño niño entraba a su clase, la maestra dijo: "Hoy vamos a hacer algo con barro". "¡Qué bueno!", pensó el niño. "Me gusta mucho el barro". Él podía hacer toda clase de cosas con barro: serpientes y elefantes, ratones y muñecos, camiones y carros. Y comenzó a estirar su bola de barro.

Pero la maestra dijo: "¡Esperen!, no es hora de empezar". Y esperó hasta que todos estuvieron preparados.

"Ahora –dijo la maestra–, vamos a hacer un plato". "¡Qué bueno!", se dijo el pequeño niño. "A mí me gusta mucho hacer platos". Y comenzó a modelar platos de distintas formas y tamaños.

Pero la maestra dijo: "¡Esperen! Yo les enseñaré cómo". Y ella les enseñó cómo hacer un plato bien hondo. "¡Aquí tienen! –dijo–. Ahora ya pueden comenzar".

El pequeño niño miró el plato de la maestra y después el suyo. A él le gustaba más su plato que el de la maestra; pero, como la vez anterior, no lo dijo. Convirtió su plato de nuevo en una bola de barro, y comenzó a hacer uno hondo como el de la maestra. Muy pronto el niño aprendió a esperar y a mirar, y a hacer cosas iguales a las que hacía la maestra. Finalmente dejó de hacer cosas que surgían de sus propias ideas.

Entonces ocurrió que el pequeño niño y su familia se mudaron a otra casa, en otra ciudad, y el niño comenzó a ir a una nueva escuela. Esta escuela era más grande que la otra, tenía que subir grandes escaleras y caminar por un largo pasillo para llegar a su aula.

En su primer día de clases, allí estaba él cuando la maestra dijo: "Hoy vamos a hacer un dibujo". "¡Qué bueno!", pensó el pequeño niño, y esperó que la maestra le dijera qué hacer. Pero la maestra no dijo nada, solo caminaba dentro del salón. Cuando llegó donde estaba él, le preguntó: "¿No quieres empezar tu dibujo?".

"Sí" –dijo el pequeño–. "¿Qué es lo que vamos a hacer?".

"Yo no lo sé, hasta que tú lo hagas", dijo la maestra.

"¿Y cómo lo hago?", preguntó el niño.

"Como tú quieras –contestó la maestra–. Si todos hacemos el mismo dibujo y usamos los mismos colores, ¿cómo voy a saber cuál es de cada quien?".

"No lo sé", dijo el pequeño niño, y comenzó a dibujar una flor roja con el tallo verde.

Es lamentable que hoy en día el modelo de enseñanza que aplicaba la primera maestra del cuento siga existiendo.

Por ello, conservemos nosotros la actitud inicial del pequeño niño, estemos alertas para hacer preguntas, cuestionarnos internamente y descubrir nuestras propias verdades, de modo que podamos despertar nuestra iniciativa.

Resulta cada vez más evidente que lo que los jóvenes necesitan no es la mera adquisición de conceptos y de contenidos acerca de algo, sino la capacidad de formularse *preguntas* que creen la motivación suficiente como para buscar por sus propios medios –y con el apoyo necesario– las *respuestas*.

¡Lo importante –insisto– es poder reflexionar en libertad para descubrir el mundo por uno mismo!

Por ello es de suprema relevancia que desde temprana edad seamos libres para desafiar al mundo, y no nos quedemos atrapados en los "debes" y "no debes" de nuestros padres y maestros. Porque si ellos y la propia influencia social nos condicionan diciéndonos lo que debemos o no debemos hacer, ¿qué sucederá con nuestra mente?, ¿cómo podremos ser individuos independientes en el futuro?

Si no aprendemos a luchar contra la influencia del medio desde chicos, corremos el riesgo, al ser mayores, de no contar ya con la fuerza ni las herramientas necesarias para hacerlo. Nos transformaremos sin más en personas irreflexivas e imitadoras.

La mayoría de nosotros creció con temor a ser distinto, a que si no se adaptaba a su grupo y a la sociedad, y seguía sus reglas, no podría ser capaz de tener amigos y, después, de ganarse la vida. ¿Recuerdan?

Sin embargo, cuando somos jóvenes tenemos una gran vitalidad y entusiasmo por la vida; todo nos sorprende, nos hacemos preguntas, investigamos… No obstante, a medida que crecemos, esa inquietud vital va cediendo paso al mismo trillado y repetido camino: debo ser profesional como mi padre o mi tío, debo casarme para tener hijos y una familia, y así siguen los condicionamientos; por no hablar de la hipoteca, el coche y tantas otras cosas que, se supone, debemos tener para ser felices y exitosos.

Desafortunadamente, los condicionamientos sociales inculcados por padres y maestros, sumados a nuestros propios prejuicios y temores, van destruyendo gradualmente toda la iniciativa que en un momento tuvimos.

Y, a menos que nos liberemos de esas ataduras, seremos exactamente iguales al resto del mundo: al final, no nos atreveremos a hacer nada distinto. Estaremos tan condicionados y moldeados que tendremos miedo de todo, y no podremos dirigir nuestra propia vida. Como dice Buda: "Nadie puede ver a quien no brilla con luz propia".

¿Cómo liberarnos del miedo?, ¿cómo elegir en libertad nuestro propio camino?, ¿cómo ser autónomos?

Es esencial pensar por uno mismo y no seguir a nadie, porque seguir a otro y no buscar nuestro propio camino indica temor, y el temor destruye gradualmente la sensibilidad del ser humano.

Por ello, la verdadera educación consiste en ayudar a cada persona a tomar conciencia de las causas de su temor y a comprenderlas, de modo que desde la infancia misma pueda vivir libre de miedos. Y sin miedos, la vida será una gran oportunidad para la creatividad personal, que es el territorio de todas las posibilidades.

3. Sueños poderosos

> *Cuando renunciamos a nuestros sueños encontramos una supuesta paz. Pero los sueños muertos comienzan a pudrirse dentro de nosotros. Lo que queríamos evitar, el combate, la decepción y la derrota, se convierten en el único legado de nuestra cobardía.*
> Paulo Coelho

Muchas veces —es natural—, soñamos con estar cumpliendo nuestros más poderosos sueños. De día y de noche pensamos en ese poderoso anhelo que perseguimos en nuestra imaginación.

Y sigue allí mismo por nuestro tremendo miedo a actuar y a transformarlo en una tajante realidad. No confiamos en nuestra capacidad y habilidades. Es como si tuviéramos muy claro lo que debemos hacer, pero existe una pared de cristal que nos impide llegar a nuestra meta.

Esa terrible pared está formada por todos los miedos que hemos ido acumulando dentro de nosotros mismos durante nuestra vida. Y esos miedos que nos frenan representan, la mayoría de las veces, la muerte de nuestras más secretas esperanzas. La clave para seguir soñando y transformar esos sueños en realidad es actuar. Al actuar, los miedos se desvanecen.

El año pasado vino a consultarme Nicolás, cocinero de profesión. Estaba angustiado porque no experimentaba en su trabajo la satisfacción que pretendía de la vida. Era común que le aburriera el día a día de su actividad en el restaurante en donde trabajaba, y por ello –decía– su vida le parecía sin sentido. En general no sabía lo que le gustaría hacer, pero de algo sí estaba seguro: no le agradaba ni le satisfacía lo que hoy estaba haciendo.

Lo más interesante del caso es que luego de hablar con él descubrí que en realidad sí sabía lo que quería y soñaba hacer; lo que sucedía es que no se creía capaz de ello y, por lo tanto, se había conformado con lo que hacía sin sentirlo íntimamente como su verdadera vocación.

Trabajamos un poco con ejercicios simples sobre cuáles eran actualmente sus preocupaciones y angustias, y si albergaba en su corazón algún sueño o proyecto insatisfecho. Le preguntaba: *¿Cómo describirías el estado de felicidad que te agradaría vivir o alcanzar? ¿Qué sensación te embarga cuando piensas que lo has logrado? ¿Qué te permitiría llegar a vivir esa felicidad? ¿Por qué dejas que tus dudas e inseguridades te impidan entrar en acción? ¿Qué deberías hacer para que tus sueños sean el motor de tu vida?...*

Luego de varias sesiones de *coaching* pudimos llegar al nudo de la cuestión.

Le expliqué que debería reflexionar regularmente sobre sus deseos y aspiraciones, a fin de que las ocasionales dudas e incertidumbres se transformaran poco a poco en certezas y convicciones. Y finalmente le hice escribir en un cartel, que luego colgó en su habitación, una reveladora frase que siempre utilizo con los adolescentes en mis charlas de motivación: *¡No dejes nunca que tus miedos sean más fuertes que tus sueños!*

Hoy Nicolás es un gran amigo, al que visito regularmente en el pequeño restaurante vegetariano que abrió hace unos meses en el barrio del Born, en Barcelona. La última vez que estuve por allí me comentó: "Estoy realmente feliz con este proyecto, es como si hubiese comenzado a vivir nuevamente…".

Aunque la duda nos acose, debemos ser fuertes y hacer lo que con criterio nos aconseje nuestro corazón, ya que es mucho mejor actuar que permanecer inmóviles. Soy consciente de que puedo equivocarme, pero esa conciencia no debe impedirme ser valiente y tomar mis propias decisiones.

Las personas que tienen energía y saben hacia dónde se dirigen, organizan su vida en la dirección de sus aspiraciones y sueños, de manera que su existencia adquiere más sentido y les resulta gratificante. ¿Y cómo lo logran? Sencillamente, desterrando el miedo de sus vidas.

Sin embargo, hay muchas personas que no lo logran y permanecen atrapadas en las garras de un angustiante miedo. Para ilustrar la apatía y falta de valor para soñar y luchar por nuestros sueños, nada mejor que el relato de Mamerto Menapache, sacerdote cordobés que cuenta la historia de un montañés:

Este personaje de las sierras cordobesas andaba explorando la montaña cuando encontró de pronto, entre las rocas de la cumbre, un extraño huevo. Era demasiado grande para ser de gallina y demasiado chico para ser de avestruz, además de que habría sido difícil que alguna de esas aves hubiese llegado allí para depositarlo.

No sabiendo de qué animal era, decidió llevárselo. Cuando llegó a su casa se lo entregó a la patrona, que justamente tenía una pava que empollaba una nidada de huevos recién puestos. La mujer, al ver que más o menos era del tamaño de los otros, fue y lo colocó también debajo de la pava clueca.

Dio la casualidad de que para cuando los pavitos empezaron a romper los cascarones, también lo hizo el pichón que se empollaba dentro del huevo traído de las cumbres. Y aunque resultó un animalito no del todo igual a los demás, no desentonaba demasiado del resto de la nidada. Sin embargo, se trataba de un pichón de cóndor, sí señor. Y aunque había nacido al calor de la pava clueca, la vida le venía de otra fuente.

Como no tenía de dónde aprender otra cosa, la pequeña ave de presa imitó lo que veía hacer. Piaba como los otros pavitos, y seguía a la pava en busca de gusanos, semillas y desperdicios. Y así creció. A veces se sentía un poco extraño. Sobre todo cuando tenía oportunidad de estar a solas. Pero no era frecuente que lo dejaran solo. Los pavos no aguantan la soledad, ni soportan que otros se dediquen a ella.

Un mediodía de cielo claro y nubes blancas, el joven cóndor quedó sorprendido al ver en las alturas unas extrañas aves que planeaban majestuosas, casi sin mover las alas. Sintió una sacudida en lo profundo de su ser. Algo así como un llamado que quería despertarlo en sus fibras más íntimas. Sus ojos, acostumbrados a mirar siempre el suelo en busca de comida, casi no podían creer el espectáculo que presenciaban. Su corazón despertó a una nostalgia poderosa. ¿Y él, por qué no volaba así? El corazón le latió apresurado y animoso.

Pero en ese momento se acercó una pava preguntándole qué estaba haciendo. Se rio de él cuando oyó su confidencia.

Le dijo que era un romántico, y que se dejara de tonterías. Ellos estaban en otra cosa. Tenía que ser realista y acompañarla a un lugar donde había encontrado mucha fruta madura y todo tipo de gusanos. Desorientado, el cóndor se dejó sacar de su embrujo y siguió a su compañera, que lo devolvió a la pavada. Retomó su vida normal, siempre atormentado por una profunda insatisfacción interior que lo hacía sentir extraño.

Nunca descubrió su verdadera identidad. Y llegado a viejo, un día murió. Sí, lamentablemente murió en la pavada, como había vivido.

¡Y pensar que había nacido para las cumbres!

Conozco a muchas personas que están como predestinadas para el éxito y sin embargo no hacen nada para alcanzarlo. Personas con unas capacidades extraordinarias o en situaciones ideales que no saben aprovechar las bendiciones que han recibido.

Estos individuos a veces ni siquiera son conscientes de la suerte que tienen; otros son apáticos a las oportunidades que les presenta la vida porque le tienen miedo al fracaso. No se permiten ser luminosos, como decía Mandela. No desean reconocer sus dones y por ello se subvaloran.

¡Y pensar que han sido honrados con el don de la vida! Sin embargo, nada hacen, nada sienten.

4. Arriesgarse para ganar

> *Muere lentamente quien no voltea la mesa cuando*
> *está infeliz en el trabajo, quien no arriesga lo cierto*
> *por lo incierto para ir detrás de un sueño...*
> Pablo Neruda

Es triste, pero existen muchas cosas que dejamos de hacer por el terrible temor a no hacerlas tan bien como creemos que deberíamos. Esta actitud es la que caracteriza a muchas personas que, temiendo no ser perfectas, se exigen a sí mismas de una manera rigurosa, y lo mismo hacen con los demás.

Personalmente, no creo que las personas sean muy buenas, ni haya nada perfecto. De la misma manera, prefiero a la gente normal, con sus virtudes y defectos. Sí, he dicho bien, me agradan e interesan algunos de los "defectos" de mucha gente que conozco.

Por ejemplo, me resultan interesantes las personas testarudas, impacientes, inseguras, impulsivas, porque esas características las dotan de una personalidad única de la que también se puede aprender.

Las personas testarudas son valientes y seguras; las impulsivas, arriesgadas y atrevidas; las impacientes no tienen miedo a nada; las inseguras son cautelosas. ¡Qué poca personalidad tendría una persona que fuera perfecta!

Esta vocación de perfección que tienen algunos les provoca, como consecuencia de su rigidez, una total parálisis, por el solo temor a equivocarse en un intento, y no permitirse el error. Por ende, no se plantean siquiera el desafío que supone arriesgarse por una meta, un sueño o un proyecto.

Y es lamentable, pero el que no arriesga en la vida nunca sabrá de lo que es capaz, y siempre estará disconforme envidiando el éxito ajeno. Entonces, ¡no seamos tan conservadores! ¡Permitámonos el error! ¡Dejemos de pretender ser perfectos!

Actuemos aceptando el riesgo a equivocarnos, ya que solo los que se arriesgan pueden finalmente descubrir hasta dónde es posible llegar, porque, como bien expresó Virgilio: "La suerte ayuda a los osados".

Es curioso ver cómo muchas veces, por la inercia de la vida, sentimos y pensamos "como todos", sin ningún tipo de margen para la individualidad de criterio. Señal de ello es que muchos, siendo aún jóvenes, ya son "un montón de costumbres", y hablan solo de "asentarse", como el símbolo mismo de la madurez. La razón principal de que las personas se resistan al riesgo y al cambio no es la edad, sino la falta de valor, y es usual que en cierto momento de la vida, antes o después, la mayor parte de la gente pierda su osadía juvenil pretendiendo evitar los riesgos.

¿Cómo escapar de esa falta de coraje en el vivir?

El primer paso es plantearnos con seriedad qué rumbo está llevando nuestra vida, y si estamos satisfechos con ese camino. Si después de un cuidadoso análisis descubrimos que desearíamos estar en otra posición y realizando otras actividades, es el momento indicado para formularnos algunas propuestas de cambio que, si aceptamos el riesgo, podrían modificar el rumbo de nuestra vida, para sentirnos plenos y felices con lo que hacemos.

Lo paradójico es que cuando más arriesgamos en la vida es cuando más posibilidad tenemos de ganar, y esto es así por más que nos cueste aceptarlo, porque… ¿cómo vamos a ganar si no arriesgamos algo?

Gandhi arriesgó todo por su causa, y venció. Él tenía muy claro su objetivo y los principios que lo sustentaban. Y es que, antes de arriesgar y poner algo en juego para lograrlo, debemos tener primero muy claro lo que realmente buscamos y cuáles son los valores que nutren nuestro sueño. Solo así nuestros anhelos se transformarán en la "orientación ideal" para nosotros.

Hace unos meses me encontraba con mi amigo Gustavo, sentado en lo alto de una muralla en el Castillo de Montjuic, disfrutando del majestuoso paisaje de la ciudad de Barcelona. Hablando de trivialidades le pregunté, como de paso, sobre sus temporales dudas por el hecho de haber dejado su profesión para ir a vivir a otro país, a lo que mi amigo respondió: "Finalmente, luego de mucho reflexionar he dejado de plantearme si el rumbo que lleva mi vida es correcto o no. Creo que lleva el rumbo que debe llevar. Y lo sé porque actúo como creo que es la manera correcta en el momento en que me toca hacerlo, sin luego arrepentirme de mis actos". Claramente, Gustavo había encontrado la clave de su propio equilibrio personal.

Porque estar dispuestos a correr riesgos no es actuar de forma atolondrada, sino tomar decisiones de vida y aceptar las consecuencias de esas elecciones. Elegir nuestro rumbo, pero aceptar el camino que hoy estamos recorriendo, porque también fue fruto de nuestra propia elección, con los aciertos y errores que ello supone.

Debemos ser conscientes de que la decisión que hoy tomemos será con los datos y la tranquilidad o intranquilidad que nos aporte la situación actual. Sería injusto, dentro de unos meses, con distinta información, herramientas y estado de ánimo, juzgar una decisión de hoy. Por lo tanto, sigo actuando, sin pensar si es el mejor camino, porque sé que lo es.

Y lo más interesante de todo esto es que... ¡siempre estamos a tiempo para un cambio!

Esta reflexión me hace pensar en Joaquín Doullé, un escocés a quien conocí hace unos años en la Rambla de Barcelona, donde personificaba una estatua viviente. Joaquín había sido ingeniero en Escocia. Tenía coche, casa, televisor… Pero algo le faltaba en su aparente felicidad, y cuando se dio cuenta no dudó en salir a buscarlo. Ahora estaba recorriendo Europa en una especie de camino iniciático, de búsqueda interior. "Cuando ya no hay nada que ganar o perder, solo queda la dignidad de hacer lo que en verdad quieres, lo único que tiene cierta sincronía con el deseo", me dijo en nuestro último encuentro.

No hay duda, correr riesgos nos hace estar y sentirnos más vivos. Hay que animarse a fracasar, porque el mayor error es no arriesgar nada. Podemos esquivar por un tiempo el sufrimiento y el dolor, pero si no nos atrevemos no podremos aprender de la vida, sentir, cambiar de opinión, madurar, amar ni vivir intensamente.

El premio solo es para una clase de persona, la que arriesga su prestigio, su tiempo, su posición o su dinero…, o todas esas cosas. Hay que arriesgar lo que uno tiene para crecer porque, en sí mismo, crecer es lo mismo que ganar.

5. Atender nuestros sueños

> *La sabiduría suprema es tener sueños bastante grandes para no perderlos de vista mientras se persiguen.*
> William Faulkner

Algo que realmente me apasiona son los sueños y anhelos, las ilusiones y las esperanzas, porque los considero los principales motores de nuestro crecimiento personal y de nuestra felicidad, ya que sin ilusiones ni sueños sería muy difícil tener un motivo que nos movilice a levantarnos cada mañana.

Una mañana de primavera caminaba por las soleadas calles de la ciudad de Mendoza, mi tierra natal, cuando en una esquina me encontré con Luciano, amigo de la profesión, quien luego de un efusivo abrazo me preguntó: "¿Qué ha sido de tu vida estos últimos años que no he sabido nada de ti?".

Emocionado, le respondí que hacía unos años había decidido dejar mi país y una carrera exitosa, además de un amplio apartamento, gran cantidad de clientes y prestigio profesional. Sin embargo, lo más importante fue que dejé también a mis más queridos afectos: mi madre, mis familiares y amigos; en resumen, todo. Y lo hice porque en mi vida faltaba algo, y debí poner en juego lo que tenía para encontrarlo.

Existen muchas personas que no necesitan éxito material –o al menos no principalmente–, sino encontrar más bien un sentido en su vida y obra. Algo similar es lo que de alguna manera me ocurrió en el momento en que tomé esa decisión. En mi caso, cambiar la estabilidad de una vida tranquila y segura por otra radicalmente distinta, con incertidumbres de todo tipo.

Tenía todo lo material que deseaba; sin embargo, estaba buscando algo, y no me detuve en el impulso por encontrarlo. Quizá entendí, en esa particular época, que para mí lo importante no eran los objetivos que me había planteado, sino cómo transitar mi particular camino hacia ellos. Fue así, entonces, que acepté el riesgo de mi propia decisión.

Es así, me agrada el riesgo, y tengo un gran respeto por las personas que se arriesgan a cambiar su vida. Sé que el camino no es fácil; es más, sé que resulta muy dificultoso. Sin embargo, me agrada la incertidumbre, lo impredecible, lo desconocido y el cambio. Y en especial aquellas personas que no permiten que el éxito material sea obstáculo en su camino hacia una nueva oportunidad o un desafío que les brinda la vida.

Gail Sheehy formula la pregunta clave: "¿Qué estás dispuesto a abandonar de tu vida material para intentar hacer realidad tus sueños?". Dicho de otra manera, ¿qué párrafo de tu currículum o tu experiencia en cualquier empresa de renombre estás dispuesto a olvidar para cumplir tus más anhelados deseos? Y si no nos hemos hecho esta pregunta... ¿qué estamos esperando?

No estoy proponiendo que todo el mundo deba plantearse cambios tan radicales; solo relato mi particular experiencia en busca de un sentido para mi vida. Si nos sentimos felices, no hay por qué resquebrajar toda una estructura elaborada a base de sacrificio y esfuerzo; pero al realizar este ejercicio simulado de preguntas y respuestas podremos encontrar o reafirmar nuestro verdadero camino.

El problema de la vida es que, cuando a uno le faltan algunas "cosas esenciales", acaba por buscar refugio en el éxito profesional o social. Sin embargo, como dijo Eleanor Roosevelt: "El futuro pertenece a aquellos que creen en la belleza de sus sueños".

Descubrir nuestro lugar en el mundo, cualquiera que este sea, no resulta una tarea sencilla, pero no hay duda de que si escuchamos nuestro corazón, él nos guiará por el camino correcto.

Lo importante es luchar por nuestros sueños, porque el más pobre de los seres humanos no es aquel que no tiene un centavo, sino el que carece de sueños, el que no vibra, el que no se apasiona por un objetivo, aquel que ha perdido el sentido de su propia vida.

El problema de las personas no es que no tengan sueños, ya que, aunque sea de forma oculta, en un rincón de nuestro corazón, todos tenemos un anhelo, un deseo profundo, un ideal. Lo verdaderamente terrible es tenerlos… pero ignorarlos.

Automotivación

4ª práctica

Trabajar con pasión

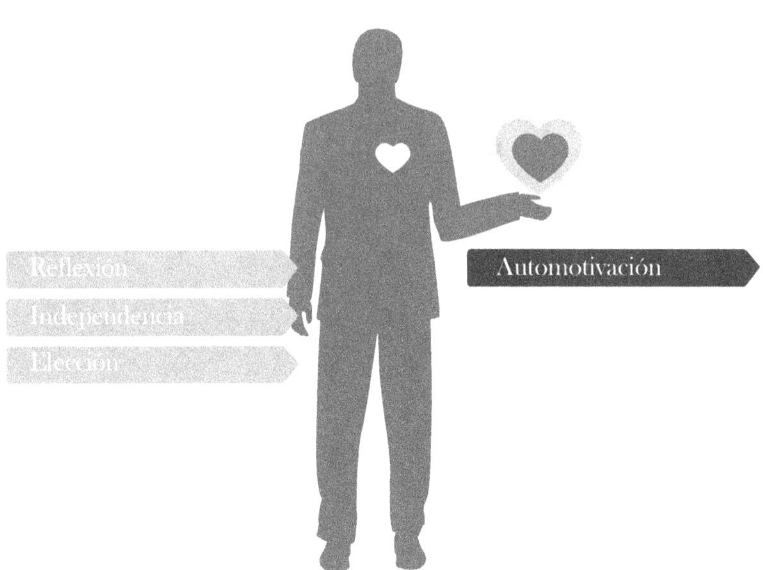

IV

LA PRÁCTICA DE LA
AUTOMOTIVACIÓN

TRABAJAR CON PASIÓN

1. Pensamiento independiente

Hizo algo completamente nuevo… porque tuvo
el coraje necesario para seguir adelante sin
preocuparse por si los demás lo seguían,
o incluso si lo entendían.
Dag Hammarskjold

La independencia de pensamiento supone la capacidad en el individuo de elegir libremente su propio camino. Sin embargo, muchas veces la influencia externa, al indicarnos lo que debemos decir, hacer o pensar, es tan fuerte que cedemos ante ella.

El caso es que una vez que permitimos a nuestro entorno gobernar nuestra vida, las elecciones diarias dejan de estar en nuestro poder y pasan a ser dictadas por los prejuicios culturales.

Con ello, dejamos de trabajar con pasión para entregarnos a una labor que nos sirve únicamente para pagar las cuentas. Y así, poco a poco y sin que lo percibamos realmente, nuestra vida deja de ser nuestra.

"Cuando tenía 45 años se me disparó la necesidad de consolidarme profesionalmente", recuerda Guillermo. Había ocupado puestos gerenciales en un puñado de empresas de primera línea, y se encontraba a cargo del área de marketing para América Latina de un gigante de la biotecnología. "Me cuestioné por qué cada dos años saltaba a otro trabajo", dice Guillermo. En esa etapa de reflexión cambió muchas cosas: se hizo vegetariano, empezó a introducirse en la cultura oriental, y a sentir que el campo y la tierra lo atraían cada vez más. Y al final, de un día para el otro renunció a su trabajo. "Sentí vértigo porque estaba saltando a la nada, pero por suerte mi mujer me apoyó muchísimo". En una revista, había leído un artículo sobre el té, que lo cautivó. Como no sabía absolutamente nada sobre esa infusión, resolvió contactar a una experta para que lo asesorara. Finalmente, creó una marca de té. Así de simple: "Renuncié al trabajo y fundé mi empresa".
Parece que le va muy bien. Comercializa sus productos en 800 puntos de venta en Argentina, y ya exporta a Chile, Brasil, Venezuela y Estados Unidos. Lo más importante, dice Guillermo, es que "ahora soy mi propio jefe; por fin trabajo en algo que es mío".

Cuando uno deja de estar obsesionado por competir con otros y acumular dinero para el futuro, empieza a sentirse libre para ser uno mismo y trabajar de acuerdo con los propios deseos y cualidades, en aquello que lo motive y le transmita la emoción de estar vivo.

Poco después de haber llegado a Barcelona procedente de Italia, Francesco fue contratado por una escuela de negocios como responsable de la organización del Primer

Congreso Mundial de Gestión Económica del Deporte. El evento se llevó a cabo en el World Trade Center de Barcelona, y fue todo un éxito, con más de cien ponentes de todo el mundo y un gran número de asistentes. Luego de terminado el evento tardó varios meses en recuperarse del esfuerzo físico y psicológico que le demandó la tarea.

La actividad de organizador de un congreso, nueva para él, fue un verdadero reto, no solo porque debió implicarse a fondo a nivel personal y profesional, sino porque además le hizo entender que ser soñador y apasionado en todo no es tan malo como creía, siempre y cuando uno lo pueda manejar con equilibrio.

"En un principio me involucré tanto en mi nueva actividad, que el estrés y la responsabilidad no me dejaban conciliar el sueño –me comentó–. Luego de haber superado la primera etapa de organización, que duró seis meses, y al sentir que mi esfuerzo no era del todo apreciado por la empresa contratante, me preguntaba a mí mismo: ¿cómo podré reducir la tensión y el estrés que me causa un trabajo tan absorbente? ¿Para qué seguir siendo tan apasionado y responsable con lo que hago? ¿Vale la pena brindar toda mi energía y dedicación a quienes no lo valoran?".

Fue así que durante el largo año que duró la organización del evento, muchas veces Francesco se criticaba por ser tan cumplidor y sensato, y a veces pensaba: "Si trabajara sin involucrarme y comprometerme con todo lo que hago, quizá viviría más tranquilo".

Entendió finalmente que uno vive la vida del modo que cree correcto, y que no debe por ello criticarse, sino verlo como una lección de la que puede aprender.

La mayor lección que obtuvo finalmente de esa experiencia laboral fue precisamente que la pasión que ponemos en todo lo que hacemos es el patrimonio mayor que puede tener un ser humano, y, por lo tanto, si uno es apasionado en su trabajo puede lograr el objetivo que se plantee.

En nuestra última charla me relató que le había comentado a un amigo psicólogo su insatisfacción respecto del trabajo, a lo que este le respondió: "Cuando regresas del trabajo debes sentirte pleno y feliz, convencido de que es una verdadera gracia divina el poder hacer lo que te agrada; y aún más, que el mundo necesita de ese trabajo. Con ello la vida será el cielo; sin ese pensamiento, el infierno".

Así fue que Francesco, luego de analizar detenidamente la cantidad de horas, el esfuerzo y la ilusión invertidos en un trabajo "para quienes no lo apreciaban", decidió que era el momento de invertir toda esa energía en un trabajo "para mí", como él lo calificaba. Por tanto, se preguntó: "¿Estoy desempeñando una labor acorde con lo que es importante para mí, con lo que me motiva? ¿Haciendo qué cosa estaría aprovechando todo mi potencial y utilizando mis talentos y habilidades?".

Concluyó que el mejor negocio era dedicarse a la actividad que lo apasionaba, y que le permitiría además lo que más deseaba: ser independiente. En consecuencia, dejó la escuela de negocios y montó su propio despacho. Hoy se siente plenamente satisfecho por haber tomado aquella decisión.

Ser apasionados en nuestra vida tanto dentro como fuera del trabajo es una de las formas adecuadas para la plenitud del espíritu. Por ello, ¡seamos consecuentes con nuestros sueños y valores!, ¡luchemos por obtener un trabajo que nos permita crecer! Y, fundamentalmente, ¡hagamos solo lo que nos llene de orgullo y satisfacción!

2. Escuchar los mensajes del corazón

La sabiduría no viene tanto de la inteligencia como del corazón.
Peter Rosegger

Si hablamos de trabajar con pasión, una de las claves es precisamente escuchar nuestro corazón a la hora de elegir la actividad a la que nos dedicaremos.

Atender los dictados del corazón será a largo plazo de una importancia meridiana, ya que nos realizaremos como personas únicamente si estamos haciendo aquello que nos parece adecuado para nosotros, no solo como profesionales, sino como seres humanos.

¿Escuchar nuestro corazón? ¿Cómo se hace?

Es simple: cuanto más hacemos lo que verdaderamente nos agrada y más amamos lo que hacemos, más fieles somos a los dictados de nuestro corazón; y como recompensa tendremos una vida satisfactoria, plena y feliz. Porque solo si hacemos algo que nos llene daremos el cien por ciento de nuestras capacidades, y estaremos ilusionados y entusiasmados por nuestros proyectos y llenos de energía positiva para hacerlos.

¿Cómo hacer para escapar de los caminos "tradicionales", esos que nos vienen impuestos desde pequeños, en la elección de nuestra actividad?

Uno de los pilares fundamentales en este camino es nada menos que nuestra educación. Porque si es correcta y bien guiada nos permitirá liberarnos de los convencionalismos sociales y sentir nuestra propia voz interior, que es la que nos indicará el rumbo más adecuado conforme a nuestros principios y valores.

"La educación –decía Krishnamurti a sus alumnos– tiene que ayudarles a ser tan agudamente inteligentes que puedan hacer lo que aman, y no quedar atascados en algo estúpido que los haga desgraciados por el resto de sus vidas; porque la felicidad llega cuando estamos haciendo algo que amamos de verdad, y no porque nos dé riquezas o haga de nosotros una persona destacada".

El primer paso que debemos dar, entonces, para trabajar en aquello que nos haga felices, es evitar lo que no amamos y nos hace infelices porque, como dijo la Madre Teresa de Calcuta: "Trabajar sin amor es esclavitud".

Debemos tener muy claro que no trabajamos para contentar a nuestro jefe o a nuestra familia, sino que lo hacemos para contentar a nuestro propio corazón. Porque en la medida en que pensemos que trabajamos únicamente por otros y para otros, empezaremos a regular y medir nuestro esfuerzo, lo que nos provocará una pérdida de entusiasmo y autoestima, y con ello perderemos el disfrute de nuestra propia vida. En definitiva, seremos solo nosotros los que saldremos perdiendo, porque al jefe es muy posible que no le importe si somos o no felices, mientras mantengamos alta nuestra productividad en la empresa.

¿Cómo decidir si estamos haciendo el trabajo adecuado?

Lo importante, primero, es advertir si estamos satisfechos con lo que hacemos. Y si no lo estamos, debemos preguntarnos en qué punto del camino hemos comenzado a perder el entusiasmo y la pasión por nuestra tarea. Lo segundo es verificar si nos levantamos cada día con ilusión y energía para ir a nuestro trabajo. Porque si no es así, será señal de que ha llegado la hora de replantear nuestro futuro laboral.

Julio Acosta vino a mi despacho un día de agosto. Me contó una larga historia de la época de su juventud. De joven había sido un soñador e idealista que aspiraba a convertirse en líder de un grupo de voluntarios que colaboraran en la lucha contra las enfermedades en el mundo. Estudiaría medicina. A pesar de sus deseos de juventud, actualmente Julio es un empresario reconocido por sus éxitos profesionales. Director general de una importante empresa hidroeléctrica, posee una gran mansión, dos coches último modelo, está casado con una encantadora mujer y tiene dos hijos. Sin embargo, desde hace un tiempo padece de insomnio y gastritis, que le impide disfrutar de la comida; y al no poder conciliar el sueño está agotado y en un estado de permanente desasosiego. El esfuerzo que realiza por sostener su ritmo de vida lo hace sentirse a disgusto con todo.

Sabía que algo no estaba bien, pero no descubría qué. Le expliqué que el primer paso para la resolución de su con-

flicto interno era reconocer qué era lo que le estaba sucediendo, expresándolo verbalmente: "Estoy preocupado porque…", "Lo que realmente desearía es…".
"Es necesario distinguir lo que *quieres* de lo que *debes* –agregué–, para comenzar a analizar en profundidad tus condicionamientos internos. Para ello, nada mejor que sumergirte en tu interior y analizar allí las grandes preguntas de la vida: *¿Para qué hago lo que hago? ¿Estoy orgulloso de mi actividad? ¿Duermo plácidamente por las noches sintiéndome feliz por mi forma de actuar? ¿Soy sincero conmigo mismo? ¿Estoy aprovechando todo mi potencial? ¿Siento que mi corazón y mi mente actúan como una sola cosa? ¿Sigo los dictados de mi corazón?…*

Muchas personas no se sienten cómodas en su trabajo. Sin embargo, saben que encontrar una ocupación satisfactoria es una de las maneras más seguras de realizarse. Y también que para encontrar ese trabajo especial es necesario descubrir los propios talentos personales. Identificar esos talentos y decidir cómo aplicarlos confiere un verdadero sentido o propósito a nuestra vida. Porque un trabajo lleno de sentido es vital para una existencia llena de sentido.

No obstante, trabajar en algo que no nos gusta no tiene por qué ser del todo malo. A veces uno desempeña un trabajo para descubrir que no está hecho para él. No se puede saber todo a través de la razón únicamente, como dirían los empiristas. Algunas cosas necesitamos conocerlas a través de la experiencia. Por ello, si nuestros mejores esfuerzos siguen llevándonos hacia una carrera profesional decepcionante e insatisfactoria, debemos saber que no necesariamente hemos malgastado el tiempo, siempre que utilicemos lo aprendido como fuente de conocimiento para una próxima ocasión.

Por lo dicho, una buena forma de reafirmar nuestros propios objetivos es reflexionar sobre ellos en lugar de quejarnos. Debemos analizar hacia dónde nos está llevando el camino que hemos elegido. *Con este trabajo, ¿estoy aprendiendo algo que me ayudará en la vida? ¿Genera algún valor en mí? ¿Me siento pleno con lo que hago?* Estas son preguntas fundamentales para saber hacia dónde vamos, conocernos un poco más, y orientarnos a cumplir con nuestras propias expectativas.

Luego de responder estas fundamentales preguntas, estaremos preparados para realizar una profunda reflexión y un análisis que nos permita saber si trabajamos o no en algo que nos apasiona y nutre como seres humanos. A partir de allí, con esta información disponible, tendremos dos alternativas: conservar nuestro trabajo o cambiarlo. Esto supone dos caminos bien distintos.

Si por la razón que fuera, decidimos conservar nuestra ocupación, a pesar de que nos parezca aburrida, ello no constituye realmente un problema, porque si somos personas innovadoras e imaginativas, podremos llegar a hacer interesante hasta la tarea más pesada, ya que sabemos en nuestro interior que disfrutar del trabajo es una elección solo nuestra, no de los demás.

Si, por el contrario, decidimos que necesitamos cambiar de trabajo y realizar una actividad que nos permita desplegar toda nuestra energía y pasión, deberemos desarrollar al máximo nuestras cualidades y estar convencidos de nuestro éxito futuro, ya que el mundo es un gran mercado y, si hemos descubierto en nosotros una aptitud o desarrollado una habilidad, seguro que los demás nos pagarán por utilizarla.

En fin, atender a los dictados del corazón será una tarea indispensable para elegir con inteligencia nuestro futuro. Como decía el psicólogo suizo Carl Jung, nuestra visión se aclarará solo cuando miremos dentro de nuestro corazón, porque de lo contrario estaremos simplemente imaginando.

3. La vocación primero

Un negocio que solo consigue dinero
es un mal negocio.
Henry Ford

Es trascendente para el propio equilibrio y satisfacción personal encontrar la verdadera vocación, ya que esta es, a la vez, causa y consecuencia de nuestra razón de ser. La aptitud o vocación es aquello que nos agrada hacer, aquello que amamos y que es natural en nosotros.

Por ello, el sentido último de una buena formación debe ser ayudar al individuo a que crezca libre e independiente, a fin de que pueda descubrir su propio modo de vida, su verdadera vocación.

Cuando comenzamos a trabajar o a ejercer la profesión elegida en la juventud, muy pocos de nosotros saben realmente qué es lo que quieren hacer. Porque encontrar ese camino futuro, ese sueño que nos motive y nos haga felices, suele ser un proceso de crecimiento que requiere de la prueba y el error.

¿Qué tipo de trabajo es el que hago con tanto entusiasmo que pierdo la noción del tiempo? ¿Con qué actividad me siento realmente cómodo? ¿Cuándo siento que disfruto plenamente de lo que hago?

También podemos formular las preguntas de manera negativa, ya que muchas veces encontramos el camino por eliminación, descartando lo que no queremos hacer, si no tenemos desde el comienzo plena conciencia de lo que realmente deseamos.

¿Cuáles cosas no me gustan de mi profesión? ¿Cuáles detesto hacer en mi vida diaria? ¿Qué es lo que no haría si fuese millonario?

Cuando luego de mucho andar descubramos finalmente nuestra verdadera vocación, será preciso seguir el maravilloso impulso de volcarnos de lleno en esa actividad; porque el trabajo cautivante y apasionado, ese tipo de trabajo que es para nosotros un pleno disfrute, un verdadero juego, siempre será la chispa de nuestra vida.

Elbert Hubbard dijo que "trabajamos para convertirnos en algo, no para adquirir algo", y esa debería ser nuestra clave de vida. Pero lamentablemente andamos ciegos de ambición con el único objetivo de cumplir con las reglas y exigencias que la sociedad nos impone, sin que nadie nos haya consultado nunca respecto a si estábamos o no de acuerdo con ellas.

Esto me trae a la memoria una anécdota que he estado relatando a muchos de mis amigos y colegas en los últimos meses.

> Eran las seis de la tarde, y estaba yo sentado en un banco frente a la puerta de un aula en la universidad, aguardando que un colega terminara de dictar su clase, para luego entrar a dar la mía. En eso, se sentó a mi lado una chica de unos veinte años, que comenzó a ordenar sus apuntes. Miré de reojo y vi gran cantidad de números y fórmulas. Intentando establecer conversación, le dije:
> —Cuántas fórmulas difíciles… ¿Qué estudias?
> —Empresariales –contestó ella.
> —Y, ¿te gusta? –pregunté con mi acostumbrada curiosidad.
> —No –respondió secamente.
> Ante tal respuesta, dudé sobre cómo seguir la conversación para que no se levantase y se fuese murmurando por lo bajo: "¡Qué pesado!, ¿quién le pidió su opinión?". Sin embargo, avancé esperando encontrar una respuesta para tan contradictoria actitud.
> —Y… ¿por qué estudias Empresariales si no te gusta?
> —¡Porque es lo que piden las empresas en los anuncios del periódico!
> Quedé estupefacto. Esta respuesta, les confieso, me persiguió durante semanas, tiempo durante el cual esperé encontrar a alguien que me tranquilizara y me dijera

que estaba todo bien, que era solo mi imaginación. No podía entender cómo una chica de veinte años pudiera contestarme que estudiaba algo solamente porque era lo que pedían las empresas. Me pregunté: ¿en qué estamos transformando a nuestros hijos? …Sí, efectivamente –me respondí–, en meras víctimas de un sistema económico que los lleva por caminos en los que no se atiende al genuino crecimiento y la aspiración de las personas, sino al deber entendido como imposición, y que coarta su libertad de elegir.

Días después recordé una hermosa frase de Harry Truman que ilustra el verdadero camino en la formación: "He descubierto que la mejor manera de educar a los hijos consiste en averiguar lo que quieren, y luego aconsejarles que lo hagan".

Esto supone que si soy padre debo averiguar qué es lo que mi hijo desea hacer realmente con su vida, ¿verdad? Pero, ¿acaso conocemos lo suficiente a nuestros hijos como para aconsejarles? ¿Hemos analizado a nuestros hijos?

Este planteo nos lleva, como padres, a otra inevitable y dura pregunta: ¿cuánto tiempo pasamos intentando conocer a nuestros hijos y lo que ellos realmente desean, antes de tratar de aconsejarlos? Seguramente muy poco, por cierto. Y si no conocemos a nuestros hijos, ¿cómo los vamos a aconsejar?

El vértigo de nuestra sociedad no nos deja margen temporal para dedicarle a nuestros hijos ni siquiera unos minutos al día. Lo que es posible que los transforme en individuos carentes de iniciativa y fácilmente influenciables.

Y la forma en que hoy estamos juzgando la realidad y el éxito es consecuencia de la influencia que nuestra sociedad ejerce sobre nuestros hijos y sobre nosotros mismos. Por ello, no es nada raro que las personas se manejen en su vida cotidiana con esos disvalores, ya que la influencia del entorno tiende a hacer estragos en el mejor espíritu.

Hace unas semanas vi en una revista una inquietante publicidad de un automóvil que decía: "Se nota que te van bien las cosas", seguida de una página entera con la imagen del coche. Al pie de la página podía leerse: "X sedán habla muy bien de ti". ¿No es verdad que este mensaje repetido con insistencia puede hacer que un joven interprete que su coche es reflejo de su valía interna?

Lamentablemente, hoy juzgamos al otro por su sueldo o por el tamaño de su coche, en lugar de hacerlo por su corazón, sus valores o la calidad de la relación que mantiene con los demás. Así nos comportamos, y es como valoramos a los otros, y de esa misma forma es como los demás estiman lo que nosotros mismos somos: únicamente por lo que tenemos.

A raíz de mi conversación con aquella chica en la universidad, empecé a advertir también, con tristeza, cómo algunos centros educativos, desde la secundaria a la universidad, en realidad se dedican a alimentar el espíritu conformista y conservador de los alumnos. No solo no les transmiten valores que ellos sean capaces de defender luego, sino que incluso fomentan su apatía y desgano a la hora de investigar y buscar el camino de la verdad.

Debemos cambiar la forma de educar, ya que la función del maestro no es juzgar al joven, sino enseñarle a explotar sus cualidades individuales, permitiendo que todo su potencial se manifieste. Debe incentivar a sus alumnos diciéndoles: "¡Sean en la vida ustedes mismos, investiguen qué es lo que los motiva, qué les gusta hacer, cuáles son sus capacidades! ¡No traten de ser como el otro, no imiten a Rosa o a Juan; sean lo que quieran ser, y a partir de allí comenzarán a crecer como personas independientes!".

Si el profesor tiene esa capacidad de guiar e incentivar la inteligencia del joven, comprenderá que lo importante es la persona, y no otra cosa. Y evitará las engañosas comparaciones, que desestiman y empequeñecen. Es función del profesor ayudar a sus alumnos a descubrir quiénes desean ser, no juzgarlos por lo que son a los ojos de otros.

Los jóvenes de hoy parece que dedican su tiempo a encontrar respuestas simples para sentirse seguros y, si algo aprenden, es a evitar el riesgo vital innecesario; por ello no se involucran con nada ni nadie. Muchos de estos jóvenes acaban por tener miedo a lo desconocido, y la mayoría de ellos se quedan paralizados.

"¡Hagan lo que sueñen hacer, lo que deseen con el corazón!", les digo a mis alumnos.

De verdad, no es importante si con ello ganan mucho dinero o se hacen famosos; lo vital es que no desperdicien su propia vida. Que el día de mañana no se digan a sí mismos: "¡Ojalá hubiera hecho aquel viaje!", o "¿Qué habría pasado si finalmente hubiera dejado mi angustiante trabajo?". Y no tener que lamentarse: "¿…Y si hubiera aceptado esa tentadora oferta…?"; o incluso llegar a castigarse: "¡Qué cobarde. ¿Por qué no me arriesgué?".

Es triste ver cómo solo buscamos trabajos y profesiones que nos permitan ganar dinero y obtener el estatus que creemos necesitar, aunque en el fondo sepamos que ese no es el camino adecuado. Todo esto nos convence una vez más de que es preciso trabajar en lo que verdaderamente nos importa, implicando una total entrega y amor hacia nuestro proyecto, ya que así nos realizaremos de manera integral.

Ello supone nada menos que diseñar nuestro propio modo de vida, eligiendo el rumbo a cada momento, porque, como dice William Blake: "O creamos nuestro propio sistema, o nos convertimos en esclavos del sistema de otros".

No permitamos que nuestra inseguridad o una ambición desmedida nos impidan perseguir nuestros sueños. Descubramos qué es lo que realmente nos apasiona en la vida, y luchemos por ello.

Por todo esto les aconsejo que sueñen, que tengan verdaderos anhelos y que periódicamente les echen un vistazo, los revisen y desempolven, para evitar que queden olvidados en el día a día. Les repito con insistencia las palabras del genial Johann Wolfgang von Goethe: "¡No pierdan el tiempo! ¡Sean lo que deseen ser!, ¡porque los triunfadores están llenos de osadía!".

4. Volver a elegir

El hombre ha de hacer muchos papeles en la vida.
William Shakespeare

Una de las claves para una existencia más plena y satisfactoria reside, muchas veces, en tener la posibilidad de elegir. Esa especial capacidad para escoger en cada momento lo que deseamos hacer en nuestra vida.

A veces vemos a personas que se quejan de su amarga situación y padecen una continua angustia. Sienten que son víctimas de la vida y que nada pueden hacer para cambiar ese estado que las hace desdichadas. Sienten, simplemente, que no pueden decidir.

Para el ser humano es básica la posibilidad de elegir, de sentir que es dueño de su propio destino y que nadie interfiere en el plano de su libertad. Libertad para escoger cuándo y cómo hacer las cosas, en consonancia con su propia educación, valores y sentimientos.

¿Cómo saber si nuestra elección de carrera fue correcta en relación con nuestras capacidades y aptitudes?

Para esta indagación se impone un análisis de la carrera que hemos escogido, a fin de comprobar si nuestra elección nos satisface y nos hace sentir plenos o, por el contrario, nos aburre. Porque si escogimos nuestra primera carrera a los 17 o 18 años, quizá sea hora de replantearnos nuestra profesión para hacerla más atractiva y emocionante.

Este nuevo análisis puede enseñarnos mucho, porque en la actualidad contamos con más información acerca de nuestras propias posibilidades y aptitudes, lo que significa que podemos hacer cosas que antes ni nos imaginábamos que podríamos realizar. Entre otras cosas, la posibilidad de tener más de una carrera en la vida.

Presento este planteo sobre la profesión, consciente de que cualquiera que sea la tarea que estemos realizando, debemos disfrutarla intensamente y apasionarnos, porque si no es así, la competencia nos hará desaparecer.

¿Por qué? Simplemente porque estaremos compitiendo con otros que aman lo que hacen, y si nosotros no amamos nuestro trabajo, estaremos en desventaja. Es así que se impone un sabio análisis de nuestra posición y nivel competitivo, a fin de elegir si queremos seguir esforzándonos eternamente, o buscar un camino que nos dé más placer y satisfacción.

Porque lo que marca la diferencia no es lo que hacemos, sino *cómo* lo hacemos. Del *cómo* depende el éxito o el fracaso de nuestra empresa.

Para indagar sobre nuestras verdaderas aptitudes y cualidades, y, en consecuencia, determinar nuestro camino profesional, podemos hacernos algunas preguntas: ¿Cuál es el valor de mi trabajo para los demás? ¿Qué habilidades y fortalezas poseo? ¿Cuáles son mis debilidades y complejos? ¿Dónde están las oportunidades laborales para mis cualidades? ¿En qué empresa o actividad se valorará más mi capacidad?

En la respuesta a estas preguntas hallaremos poco a poco nuestro verdadero y oculto talento, y finalmente conoceremos las claves que nos guíen hacia la actividad laboral adecuada para nosotros.

Mercedes, una buena amiga, era una próspera e importante abogada. Sus jefes acababan de proponerle hacerse socia del bufete de abogados en el que se desempeñaba. Llevaba años trabajando con intensidad con la finalidad de ser socia, pero ahora que recibía la oferta concreta de ascenso, tenía miedo de aceptarla, por lo que podría representar para su futuro. De hecho, temía que aceptar la propuesta aniquilara definitivamente las esperanzas que la mantenían ilusionada.

En una sesión de *coaching* me confió que siempre pensaba en un particular sueño que tenía, pero que a raíz de los estudios de derecho había relegado de sus prioridades.

De joven había tenido la convicción de que era conveniente dedicarse a la abogacía, que le proveería de lo económicamente necesario para una vida acomodada. De la misma manera que se lo había procurado a su padre.

"He dedicado tanto tiempo y esfuerzo a mi formación y mi profesión que… ¿cómo puedo ahora dejarlo todo? ¿Cómo explicarle a mi familia y a mis amigos que dejo todo por un sueño? ¿Y si no logro concretarlo? ¿Y si fuera una simple ilusión de la adolescencia?".

Con paciencia intenté tranquilizarla y hacerle entender que no es descabellado seguir los sueños que albergamos en nuestro corazón. De hecho, yo mismo, abogado igual que ella, había dejado mi profesión para seguir otros rumbos. Esto le hizo perder el miedo, y entonces me contó que el sueño que había abandonado era el de ser actriz. De pequeña había formado parte de una compañía de teatro, y le encantaba declamar e interpretar personajes.

"Cuando ensayo frente al espejo soy otra persona, me siento plena y feliz –me decía–, pero al bajarme de ese escenario imaginario me entristezco porque sé que no podré ser actriz, ya que mi carrera es incompatible con el mundo de la actuación".

Le hice unas cuantas preguntas para ayudarla a enfocar mejor sus ideas y su visión de la vida que le gustaría llevar: *¿Estás conforme con la vida que llevas? ¿Quieres cambiar algo de tu vida? ¿Cómo quieres que sea? ¿Estarías dispuesta a ir modificando poco a poco tu realidad, para cumplir tus sueños?*

Y así, una vez que reflexionó sobre las alternativas con las que contaba, descubrió que podría intentar cumplir su sueño. No aceptaría la propuesta de ser socia, pero continuaría con su empleo en el bufete. Paralelamente estudiaría declamación e interpretación, y quizás algún día llegaría a sentirse con suficientes fuerzas como para dejar su profesión y dedicarse de lleno a la actuación.

Estar comprometidos con nuestros valores y sentimientos nos hace fuertes para comenzar una y otra vez, convencidos de que la pasión que ponemos en nuestros proyectos es la base del éxito. Para llegar lejos debemos amar lo que hacemos, no hay otra fórmula que esta.

5. Somos lo que somos

> *La peor derrota de una persona es cuando*
> *pierde su entusiasmo.*
> Henry Harley Arnold

"La Frisia" era el nombre del complejo turístico de restaurante, piscina y alojamiento que poseía mi padre en Bella Vista, un hermoso lugar en las afueras de Buenos Aires. En él habían trabajado más de doscientos empleados. Sin embargo, ese año había sido uno de los peores de su historia, por lo que mi padre tuvo que prescindir de la mayoría del personal, intentando hacer frente a la delicada situación económica por la que atravesaba el establecimiento. Tanto, que él mismo se incluyó en la plantilla de trabajadores, no sin sentir una profunda tristeza por el rumbo que llevaba el negocio y su propia vida.

Tiempo después, un salón del gran restaurante fue contratado por una empresa de telecomunicaciones para dictar un seminario de economía a algunos de sus empleados. Mientras un directivo de la empresa disertaba para más de veinte ejecutivos, mi padre, con su atuendo de camarero, servía los cafés posteriores a la comida.

El conferenciante exponía en forma grandilocuente sus esquemas y planillas en una gran pantalla preparada para la ocasión, cuando de pronto hizo un alto en su exposición y, dirigiendo la vista hacia mi padre, dijo: "…Bueno, pero este tema lo puede continuar mejor que yo el doctor Alfredo Diez, profesor en Economía de la Universidad de Buenos Aires…".

Las miradas se clavaron en ese camarero calvo de uniforme algo descolorido, quien no se inmutó, y como lo más natural del mundo dejó su bandeja sobre una mesa y se acercó al proyector para, puntero en mano, continuar explicando la teoría económica que se encontraba desarrollando el hasta entonces disertante.

Los ejecutivos no lo podían creer: un camarero mostrándoles diagramas y complejas relaciones económicas. Al terminar la exposición, mi padre tomó nuevamente la bandeja para continuar su camino a la cocina. En ese momento, los aplausos hicieron que su cara se iluminara como no lo había hecho en los últimos difíciles meses.

Debemos entender que podemos hacer muchas cosas en la vida, y que nadie es mejor o peor que otro por la tarea que realiza. Porque en definitiva somos lo que somos, no lo que hacemos.

Mi padre fue un excelente profesional y profesor universitario. El caso fue que debió hacerse cargo de un negocio que no iba bien, teniendo que recurrir a todas sus herramientas y habilidades interiores para dirigir, con su propio ejemplo, el rumbo del complejo residencial. Tomó la bandeja y trabajó a la par de los camareros, dando un verdadero ejemplo de servicio y liderazgo, porque estaba convencido de que el liderazgo más eficaz es el ejemplificador.

Ello de ninguna manera deterioró su autoestima, ya que él sabía bien quién era, y no le hacía falta que nadie lo aprobara ni aplaudiera. Era un hombre muy equilibrado. Sabía que no somos simplemente lo que hacemos, sino individuos con una personalidad definida; y aunque tengamos diferentes trabajos, eso no cambia lo que poseemos en nuestro interior.

¡No tengamos miedos ni dudas! ¡Realicemos la tarea que sea necesaria! Porque lejos de cambiar, nuestros principios y cualidades se fortalecerán.

En fin, no hay nada servil en ningún trabajo; ninguna actividad está por debajo de la dignidad de nadie. Sin embargo, este pensamiento no es muy común, ya que muchos en esta sociedad consideran que el que tiene una gran mansión, un bonito coche y manda a otros, está en una posición privilegiada, y por ello se puede decir que verdaderamente "es alguien".

En nuestro "avanzado" sistema a veces es menospreciado aquel que cava en el jardín, el que cocina para otros, el que construye una casa…, sin comprender el valor que tiene hacer las cosas bien, de manera sincera y auténtica, conforme con lo que uno piensa y siente profundamente.

Decía Martin Luther King que si un hombre es llamado a ser barrendero, debe hacerlo como Miguel Ángel pintaba, o como Beethoven tocaba música, o como Shakespeare escribía poesía. Debería barrer tan bien que todos los anfitriones de la Tierra y del Cielo se detuvieran para decir: "Aquí vivía un gran barrendero que hizo su trabajo magníficamente."

Porque la importancia de mi trabajo no se mide por la tarea que realizo, sino por la ilusión y pasión que pongo en ella. Por eso, hoy puedo trabajar de abogado o contable, mañana podría ocuparme como taxista o estudiante, porque yo *soy* yo, y *hago* de profesor o de director comercial. Soy quien soy, no lo que hago.

Debemos sacarnos esa armadura que nos impide movernos libremente por la vida. El hecho de que sea médico o recepcionista no implica que deba hacer las mismas tareas toda mi vida: puedo aprender cosas nuevas y utilizar esas herramientas para sentirme en libertad de hacer lo que me haga sentir pleno. Ahora, pintar mi primer cuadro; mañana, dictar clases en la universidad, y pasado quién sabe...

Debemos estar abiertos y receptivos a todo lo que nos llega, porque la vida es demasiado interesante como para cerrarnos en unas pocas opciones.

Como decía mi padre, todos somos seres humanos, al margen del cargo que aparezca en nuestra tarjeta personal. Por tanto: ¡rompamos las pesadas cadenas que nos impiden movernos! ¡No nos cerremos a un mundo de posibilidades! ¡Confiemos en lo que somos!

6. Aprender enseñando

No puede existir aprendizaje, si este se origina
en conclusiones previas.
Krishnamurti

La importancia del aprendizaje en la vida del ser humano es tal que de ello depende no solo su futuro económico y laboral sino, además, su armonía social y familiar –en definitiva, su felicidad integral–. Es por ello que la base de una buena enseñanza y, por ende, de un correcto aprendizaje, es que le permita al individuo explotar todo su potencial.

Porque si solo adquirimos información o simple conocimiento, no estamos aprendiendo, sino únicamente *llenando un recipiente*, ese mismo que representa nuestra cabeza. Para que yo pueda aprender algo, debe haber un desarrollo y un trabajo de la totalidad de mi mente, y no solo una simple transmisión de información.

¿Cómo lograr un aprendizaje integral? ¿Cómo explotar todo el potencial de una persona?

Una de las formas es ayudar a que se desarrolle en plenitud; por ello lo que hago con mis alumnos es motivarlos a conocerse a sí mismos y cultivar sus habilidades innatas. Esto supone contribuir a que exploten su más alta y plena capacidad, toda su potencialidad.

Por tanto, cuando doy clases en la universidad, tanto mi alumnos como yo estamos aprendiendo, pero no por la información que les pueda transmitir, sino por la especial relación que establecemos. Es precisamente la libertad que les ofrezco a mis alumnos para que aprendan, lo que les ayuda a darse cuenta de que sus actos e impulsos surgen de su propia manera de pensar.

¿Qué rol juegan hoy los padres en la educación? ¿Tienen conocimiento de su enorme e importante tarea?

Los padres deben ser conscientes de la clase de educación que les quieren dar a sus hijos, y la que desean que la escuela les imparta. Es triste que la mayoría de ellos se conformen con ver que sus hijos se preparan para obtener algún título que les asegure una buena situación económica, sin ver más allá.

Lo peor es que los padres, para que sus hijos lleguen a ser los profesionales que ellos tanto desean, los presionan blandiendo como argumento el sufrimiento que supuestamente padecerán en caso de que no lleguen a ser "alguien" en la vida. Con ello se limitan a impulsar a los hijos a que adquieran conocimientos, como quien llena una bolsa de manzanas. Lo único en que piensan es en la simple información acumulada.

¿La solución?

Para mejorar la educación de los jóvenes y promover su desarrollo integral, es necesario que estos se mantengan libres de las órdenes autoritarias de padres y maestros acerca de lo que deben ser y hacer. El problema de hoy es que los jóvenes empiezan obedeciendo, en parte por imitación y en parte por temor, y aceptan sin cuestionar las imposiciones, sin advertir que la disciplina no debe ser nunca un método para educar, sino el resultado mismo de la educación.

Debemos mejorar la relación con el adolescente, a fin de que se encuentre tranquilo y seguro, sin considerar a los mayores como una amenaza, ya que si logramos un ambiente de confianza y armonía, se producirá en el joven la apertura emocional y la sensibilidad necesarias para florecer realmente, sin dejar nunca de preguntar por las cosas y cuestionarlas.

Porque si no nos cuestionamos sobre las más naturales cosas de la vida, daremos todo por *normal*, y entonces ningún planteamiento será necesario.

¿Nos hemos preguntado alguna vez por la utilidad de tantos años pasados en la escuela? ¿Qué hemos aprendido? ¿Para qué nos ha servido? Esas enseñanzas, ¿nos han permitido ser más felices y entender mejor la vida y nuestra misión en el mundo? ¿Estamos satisfechos con lo aprendido? ¿Nos resulta útil?

Creo que una buena educación sería la que nos permitiera *comprender;* no simplemente sumergirnos en la lucha diaria por estudiar y aprobar exámenes. Nos debería servir para entender un poco mejor nuestro desafío de vivir.

Porque si la educación no nos permite ser creativos en la elaboración de respuestas para los grandes interrogantes del ser humano, y cultivar nuestra inteligencia a fin de enaltecernos como individuos, ¿cuál es su sentido? ¿Aprobar exámenes? ¿Obtener títulos y certificaciones de que hemos cumplido ciertos formalismos?

Debemos, por lo tanto, alentar en los jóvenes la llama del sano descontento, y ver con buenos ojos un cierto estado de revolución interior, porque la suya es una época ideal para descubrir cosas, para cuestionar, para crecer, para soñar. No es una etapa de certezas, sino de dudas.

¿Cómo incentivar en nuestros jóvenes la curiosidad y el espíritu reflexivo?

A fin de alimentar esa mente libre e inquisitiva, aliento a mis alumnos a que no se conformen y digan "hago esto porque mi padre quiere que lo haga", "estudio tal carrera porque es la que me brindará un buen estatus económico", sino que los insto a que descubran más bien por qué quieren *ellos* hacer lo que hacen: *¡Utilicen los talentos que tengan! ¡No se conformen con ser iguales a los demás! ¡No imiten! ¡Sean auténticos! ¡Sean únicos!*

Porque, como expresa Henry van Dyke, habría silencio en los bosques si solo cantaran los pájaros que cantan bien. Por ello, no es necesario –ni posible– que cada uno de nuestros jóvenes sea el mejor técnicamente en el área que haya elegido; lo importante es que la haya elegido con el corazón, que es la única guía válida para tomar las grandes decisiones.

Por fin, lo que considero realmente importante es mantener la actitud que nos permita estar alertas, incentivar nuestra curiosidad, tener coraje, investigar y hacer preguntas que nos lleven a cultivar nuestra inteligencia e iniciativa. Solo así estaremos capacitados para explotar todo nuestro potencial.

Estrategia

5ª práctica

Convencernos de que podemos

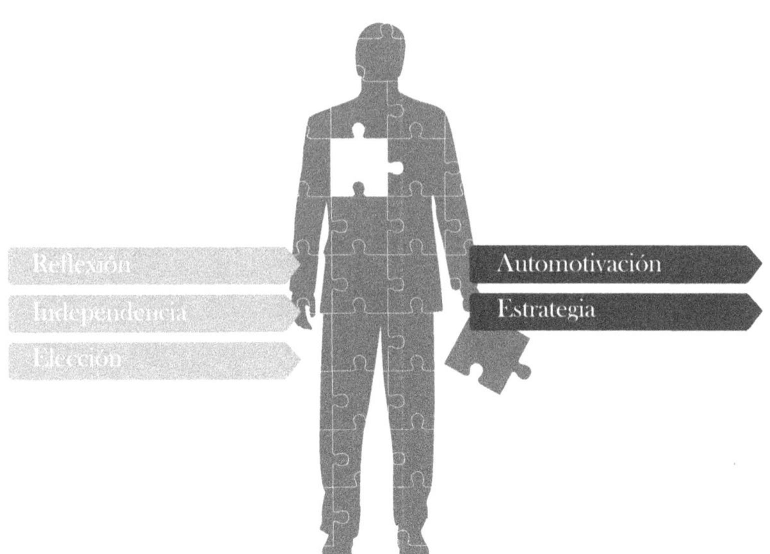

V

LA PRÁCTICA DE LA
ESTRATEGIA

CONVENCERNOS DE QUE PODEMOS

1. *Quo vadis?*

¿Adónde iré que no me lleve hasta mí mismo?
Sócrates

La idea de *elección* es una de las nociones esenciales de la programación neurolingüística o PNL. Mientras las ciencias humanas generan un gran número de clasificaciones en sus enfoques acerca del comportamiento humano, ante la pregunta "¿Cuál es tu modelo de personalidad?", Richard Bandler responde simplemente: "Tu modelo de elección".

Poder elegir es disponer de un número mayor de respuestas posibles ante una situación determinada. Desde esta óptica, una alternativa al análisis de los comportamientos consiste en preguntarse cuántas opciones están al alcance de la persona. Porque las elecciones a las que cada quien accede, sea consciente o no de ello, orientan su vida en una dirección particular.

Por ello, la PNL plantea el problema en términos de flexibilidad, en referencia a la capacidad que tiene una persona de hacer frente a una situación determinada considerándola desde puntos de vista diferentes y poseyendo un abanico de posibilidades para responder a ella.

Las dificultades que un individuo encuentra en su vida presentan, la mayoría de las veces, un aspecto rígido del tipo: "No se puede hacer más que...".

Es en mi trabajo profesional de *coaching* con PNL donde permito que las personas amplíen su repertorio de comportamientos para acceder a más opciones, y no a una sola respuesta automática; mi labor tiene como objetivo aumentar los comportamientos, no limitarlos.

> En julio de 1999, durante un viaje por Europa, estando en Italia me dirigí a la capilla de Quo Vadis. La tradición indica que exactamente en ese lugar el apóstol Pedro, que huía de la Roma pagana aterrado por la persecución de Nerón, tuvo un encuentro con Jesucristo, que retornaba a la ciudad, y al verlo le preguntó: "*Quo vadis, Domine...?*" ("¿Adónde vas, Señor?"). Allí fueron pronunciadas estas memorables palabras que simbolizan hoy el místico encuentro que hizo regresar al fugitivo, armado de nuevo valor y nueva fe. Palabras que fueron el punto de inflexión para la toma de conciencia de Pedro y su elección de un nuevo camino.

"*Quo vadis?*". "¿Adónde vas?". ¿No se trata de una pregunta que cualquiera de nosotros podría hacerse hoy? En realidad, ¿sabemos adónde vamos? Quizá creamos que lo sabemos, porque, ¿cuántas veces nos dejamos absorber por los afanes mundanos del día a día, olvidando por completo lo importante que es una vida espiritual y profesional equilibrada?

En el mundo moderno, hemos olvidado el propósito de nuestra existencia; buscamos solo los honores temporales y la grandeza material. El clamor dominante hoy no es "¿cuánto puedo hacer?" sino, lamentablemente, "¿cuánto puedo conseguir?".

Para poder ser autónomos en la elección de nuestro camino, debemos ser libres para fijar nuestras normas de acuerdo con nuestra propia moral y exclusivo criterio. Esto es, sin tener que estar atados a los formatos de vida que la sociedad nos vende.

Ahora bien, si me aparto de esos formatos de vida, ¿no me quedaré solo?

Es normal que tengamos esta duda, ya que el ser libres para poder elegir, muchas veces nos puede conducir por el duro camino de la soledad, al sentirnos uno de los pocos que han rechazado ser un engranaje más de la gran maquinaria. Sin embargo, en el transcurso del camino advertiremos que son muchos más de los que imaginamos quienes han elegido salir del vertiginoso y esclavizante sistema para vivir una vida de equilibrio, conciliando su labor profesional con su existencia espiritual.

En todo caso, si tenemos que pasar por un período de soledad para acomodar nuestros valores y principios con nuestra forma de vida, debemos tener presente que para un verdadero desarrollo del ser humano a veces es necesario y hasta imprescindible el estado de soledad, como medio para cultivar la sensibilidad. El individuo debe saber qué significa estar solo, lo que es meditar, lo que supone morir… Ya que las implicaciones de la soledad, de la meditación y de la muerte solo pueden conocerse si uno llega a descubrirlas por sí mismo. Esto no puede ser enseñado por nadie, sino que debe ser aprendido. Y para lograrlo el único camino es la disposición a la investigación, ya que solo una mente que investiga es capaz de aprender.

Ante el problema de elegir nuestro camino con libertad y plena conciencia, a veces resulta mucho más fácil seguir con nuestra vida impuesta y rutinaria, sin pensar o plantearnos alternativas. Para muchos, ello es preferible a la investigación, el aprendizaje y el difícil camino de la elección consciente.

Pero, ¿acaso esa vida rutinaria e impuesta nos puede proveer del equilibrio buscado?

El peligro de seguir como ovejas el camino que esta sociedad nos vende es que nos impide poder elegir conscientemente, transformándonos en víctimas de este cruel bombardeo de desinformación, donde la introyección nos ciega y limita.

La introyección es uno de los mecanismos psicológicos de defensa más importantes, que consiste en incorporar en forma indiscriminada criterios, actitudes, valores y patrones de conducta del exterior. Es como tragar información sin tamizarla, sin que pase por un proceso de reflexión y pensamiento adulto.

El sujeto sufre un verdadero empacho de mandatos, órdenes, influencias, que cumplen en sí una función parasitaria pero el sujeto los asume erróneamente como propios, como normas y valores morales. "Haz esto", "No hagas esto", "No debes", "Deberías"… Los condicionamientos de este tipo impiden el libre flujo de los impulsos y la satisfacción de las genuinas necesidades… "Eres tonto", "No vales para nada", "Eres inteligente"... Estas introyecciones actúan dentro de nosotros sin formar parte de nuestro yo.

El resultado de esto es que seguimos un esquema relacionado con algo que nos dijo una figura de autoridad, lo cual de alguna manera nos limita, porque no es elegido por nosotros, y seguramente nos está impidiendo reflexionar y relacionarnos plenamente.

Si actuamos guiados por esquemas ajenos, será poco probable que alcancemos el ansiado equilibrio. Es por ello que la clave del éxito personal reside en elegir con independencia nuestro propio camino, aquel que se identifica con nuestros valores. ¡Sigue la senda de tus valores y nunca te equivocarás!

2. Hay más de un camino

Si oyes una voz dentro de ti que te dice "no sabes
pintar", pinta, faltaría más, y la voz se callará.
Vincent van Gogh

Es común que frente a un desafío que sobrepasa nuestra habilidad para hacerle frente nos desmoralicemos al cerrarse las puertas que nos llevan al logro. Esto sucede muchas veces cuando nos enfrentamos a pruebas cotidianas y sentimos que no somos capaces de superarlas. Lo cual, aunque no lo admitamos, suele lastimar ineludiblemente nuestra autoestima.

Sin embargo, los obstáculos cotidianos no deben ser una barrera en el camino sino un motivo más para replantear nuestro rumbo, esto es, para comprometernos firmemente a alcanzar nuestras metas. Una vez renovado ese compromiso, será el momento de buscar incansablemente el trayecto más idóneo hacia nuestros objetivos.

Recordemos que cuando una puerta se cierra, se abren muchas otras que nos indican que es posible llegar.

> Un soleado día de primavera, cuando aún era pequeño, estaba con mi padre en lo alto del campanario de la iglesia de nuestra pequeña ciudad, San Isidro, al sur de Buenos Aires. Yo ignoraba con qué objeto me había hecho subir hasta allí.
> —Mira hacia abajo, Alfredo –me dijo.
> Dominando el temor a las alturas, bajé la vista a la plaza que se encontraba allí abajo, y a la complicada red de tortuosas calles que la rodeaban.
> —Fíjate –siguió diciéndome afectuosamente–. Por más de una calle se llega a esa plaza. Lo mismo sucede en la vida. Cuando para llegar a donde vamos se nos cierra un camino, hay que buscar otro.

Solo cuando fui mayor caí en la cuenta de lo que se proponía mi padre. En el transcurso de los años, he visto más de una vez que detenernos resignados ante un aparente callejón sin salida lleva al fracaso y la derrota, mientras que poner en juego la imaginación en busca de otros caminos suele conducirnos al éxito y la victoria, porque, como dice Albert Einstein: "La imaginación es más importante que el conocimiento".

El sagaz consejo de mi padre me había mostrado una vez más el camino, como continúa haciéndolo hoy en día. Es indudable que hay más de un camino para llegar a la plaza, y depende de nosotros encontrarlo.

Así, si frente a un desafío la estrategia implementada no da los resultados esperados, cambiémosla. Porque si algo no funciona, debemos hacer otra cosa. Tengamos flexibilidad en la lucha por nuestros objetivos. Si vemos que el resultado esperado no llega, probablemente no debamos persistir en los mismos medios, y será mejor probar con otros. Es así, cada intento fallido es el descubrimiento de una forma que no nos conduce a nuestro objetivo.

Bandler y Grinder, los creadores de la programación neurolingüística, enseñan que para ser eficientes en un campo de acción debemos utilizar la flexibilidad que nos confiere el contar con múltiples opciones, e insisten: "Si solo cuentas con una opción, eres un robot; si cuentas con dos opciones, estás en un dilema; solo si cuentas con tres o más opciones puedes ser flexible".

> Andrea y Verónica son hermanas. Ambas, muy competentes en sus respectivas carreras profesionales. Sin embargo, cuando tuvieron hijos, adoptaron criterios diferentes. Andrea decidió, conjuntamente con su esposo, dedicarse a un trabajo *part-time* en su casa que le permitiera estar cerca de sus hijos, pese a que ello representaba una disminución en el ingreso familiar y una postergación en sus aspiraciones profesionales.
>
> Verónica, en cambio, continuó con su carrera, confiando el cuidado de su pequeña a una escuela maternal. Ella, sin embargo, supervisaba su crianza con cariño pero sin

descuidar ni renunciar a su profesión, a pesar de reconocer que le dolía no dedicarle a su hija todo el tiempo que hubiera querido.

¿Quién obró mejor?

Ambas. Porque ambas decidieron dando prioridad, según sus valores y principios, a lo que para ellas era importante dentro del esquema familiar y laboral que se habían planteado. Esos parámetros o criterios de vida varían según la educación, los propios valores y el momento real en que cada uno se encuentra hoy, ya que mañana pueden cambiar.

Compararnos con los demás sin analizar las causas de nuestras diferencias puede llevarnos a conclusiones equivocadas y frustrantes. Si una de las hermanas hubiese envidiado la postura que tomó la otra, o no hubiese prestado atención a su voz interior en un vano intento de obrar igual, seguramente el resultado de sus vidas no sería tan satisfactorio como lo es hoy.

¿Que muchas veces las cosas no son fáciles y vacilamos al mirar el jardín del vecino? Seguro. Pero si hemos meditado sobre el fundamento de nuestras decisiones, volveremos a ellas fortalecidos.

De nosotros depende encontrar esos atajos o alternativas que nos permitan tomar decisiones fundadas en principios. Es así, siempre hubo más de un camino para llegar –y como dice mi padre, "siempre lo habrá".

3. Programarnos mentalmente

Sea lo que sea en lo que creamos intensamente,
la mente lo materializará.
Paramahansa Yogananda

Todos tenemos la misma y particular habilidad para crear nuestros programas mentales. Estos esquemas nos permiten, cuando lo decidamos, trabajar en pos de nuestros objetivos y verlos finalmente cumplidos. Porque estoy convencido de que todo individuo "puede lograr lo que quiera". El asunto es centrarnos y poner en acción toda nuestra capacidad creadora para alcanzar esos objetivos.

Por desgracia, muchas veces sucede que las personas no advierten la fuerza de sus programas mentales, y pierden el rumbo al actuar sin un trazado definido, transformándose así en víctimas de su propio entorno.

¿Influyen nuestras creencias en nuestro destino? ¿Lo que pensamos incide de alguna manera en nuestros programas mentales?

Así es, ya que lo que creemos es, en definitiva, lo que marcará nuestro rumbo. El pensamiento, sumado a nuestras acciones cotidianas, creará un programa mental tan sólido que ni la más fuerte influencia exterior podrá doblegarlo.

En muchas ocasiones, serán las conductas diarias repetidas con convicción las que terminarán por transformarse en nuestro programa mental. Y por medio de este programa nos será más accesible transitar hacia nuestros objetivos con seguridad, ya que nuestros actos tendrán la fuerza necesaria para no dejarse influir por las dudas que nos puedan asaltar en el camino.

Es en el carácter inconsciente de nuestros actos donde radica la importancia de crearse un programa mental, y la fuerza que para nosotros tendrá en nuestro día a día. Porque si logramos comprender el funcionamiento de los propios esquemas subconscientes, podremos dirigir nuestro destino. Es así que si reflexionamos acerca de cómo desearíamos que fuera nuestra vida, veremos que programarnos y condicionarnos para lograr ese objetivo es posible.

Un ejemplo de dedicación y programación mental en el logro de un objetivo es el caso del presidente de una gran compañía de seguros con la cual colaboré como asesor externo. Este hombre, Javier, tenía por norma invariable calcular, hasta donde le era posible, lo que ocurriría en cada reunión de negocios a la que asistía.

Si el caso se prestaba para que se sostuvieran puntos de vista opuestos, estudiaba detenidamente las razones en las que probablemente estarían fundados, y sobre esa base reconsideraba las suyas, para sustentar su propio punto. El resultado de tan esmerada preparación es que jamás se sentía nervioso al tomar parte en una reunión, ni disgustado al salir de ella. Ello, evidentemente, redundaba en beneficios para su empresa. "Es el dirigente más sereno y eficiente que he conocido", decía un colega suyo.

Javier estaba siempre preparado mentalmente para salir airoso ante cualquier pregunta o presión que pudiera surgir en la reunión, lo que le daba la seguridad interna para manejarse con soltura y solvencia. Y esta forma de actuar le permitía lograr los objetivos planteados con anterioridad. Él mismo generó su propio sistema eficiente para la tarea, a través de un programa mental de éxito empresarial.

Resulta evidente que la dedicación y el esmero en la preparación de sus reuniones de negocios fueron la verdadera clave de su éxito. Y también entre nosotros la dedicación y el esmero en elaborar nuestro programa mental serán lo que decidirá si nuestro proyecto resultará coronado por el éxito o no.

Porque la vida puede ser de dicha y felicidad, si pensamos que así es, ya que la fuerza de nuestros pensamientos y convicciones es grandiosa y, en forma consciente o inconsciente, puede determinar tanto el éxito como el fracaso.

El novelista inglés Charles Reade decía: "Siembra un pensamiento y cosecharás un acto; siembra un acto y cosecharás un hábito; siembra un hábito y cosecharás un carácter; siembra un carácter y cosecharás un destino".

La fuerza de los pensamientos y su repetición en nuestra vida es realmente poderosa, tanto si son buenos, como si son malos. Esto significa que podemos crear programas mentales positivos que nos ayuden a mejorar nuestra vida, o crearlos negativos, y así que nos arruinen la existencia. Porque nuestros pensamientos deciden. Pero, si son malos, ¿acaso no nos perjudicarán?; ¿cómo debo actuar ante esos pensamientos negativos?

Si existe algo malo en nuestra vida, que no nos gusta, debemos dejar de pensar y hablar de ello a toda hora. Porque es como un círculo vicioso: mientras más me considero víctima de una situación, más débil y vulnerable soy para que esa sensación anide en mí y me convenza de que soy pobre y desdichado. Al actuar así, estoy creando un programa mental negativo y, si no logro advertir que estoy entrando en una espiral descendente, pronto no podré salir de ella, o me resultará muy difícil hacerlo.

¿Es posible que mi propia actitud mental, o mis creencias, influyan sobre mi salud?

Totalmente, ya que nuestros pensamientos, aunque mucha gente pueda no creerlo, afectan en forma directa nuestro cuerpo. Cuando tenemos percepciones sesgadas y consideramos perniciosa una situación o persona, tales pensamientos negativos bajan nuestras defensas y limitan la capacidad del organismo para funcionar correctamente ante los agentes que producen enfermedades.

Viktor Frankl decía que los que conocen la estrecha relación que existe entre el estado de ánimo de una persona y la capacidad de su cuerpo para conservarse inmune, saben que si pierden la esperanza y el valor, ello puede ocasionarles severos trastornos físicos y psíquicos… como también, en el caso de los campos de concentración como en el que él estaba prisionero, la muerte. Porque la salud no es exclusivamente un estado de la materia, la mayor parte de las veces lo es de la mente.

¿Cómo hacer para luchar contra mis propios pensamientos negativos? ¿Cómo evitar que yo mismo sea responsable del deterioro de mi salud?

La clave es detectar a tiempo esa sensación de abatimiento y derrota, que nos hace ver todo negro, y aplicarle un cambio radical de pensamiento: reprogramarnos para convencernos de que todo estará bien, de que la situación mejorará con trabajo y perseverancia; y así estaremos en poco tiempo más fuertes y felices.

A los meses de comenzar a escribir este libro, me reencontré casualmente con mi amiga Martina, quien en la adolescencia había sufrido un agudo estado de abatimiento. En esa época, Martina no lograba encontrarle un sentido a su vida. Sufría de una severa depresión que la había llevado a conductas extremas contra su vida en varias oportunidades. Sentía que todo lo que hacía era totalmente vano, descolorido y oscuro. No establecía contacto con otras personas ya que lo consideraba algo absurdo.

No aguantaba escuchar hablar de la hermosura de un atardecer, del cariño de los niños, del afecto de un amigo… Para ella, no tenían nada de interesante. En sí mismos eran irrelevantes. Estas creencias derivaban de su rígido esquema mental que la encerraba en la celda de su introversión, y no la dejaban conectar con las personas. Porque ella se consideraba una persona especial. Ella –creía– era diferente de todos. Interesándome por su antigua enfermedad le pregunté:

—¿Es verdad que te recuperaste de tu depresión sola y sin ayuda de profesionales?

—Suena casi imposible, pero es cierto –contestó.

—¿Cómo lo hiciste? –pregunté asombrado.

—Cuando *decidí* salir de mi depresión, me dije a mí misma: ¿Cómo hago? ¿Por dónde empiezo? Entonces en un cuaderno empecé a escribir todo lo que supuestamente una persona tiene que hacer para "ser feliz". Con el resultado de esa larga lista de "cosas felices", diseñé un programa a largo plazo con cartas que me escribía a mí misma. Confieso que cambiar de pensamiento e ideas fue muy costoso, pero poco a poco fui saliendo, y finalmente lo logré, cuando tan solo tenía 16 años.

—¿Y si algo no resultaba como lo habías planeado? –insistí.

—Por suerte mi programa siempre fue flexible, adaptable además a los cambios que iba incorporando, de tal manera que si algo no salía exactamente como lo había planeado, no doliera tanto.

—Debe haber sido una dura experiencia…

—Sí, lo fue, pero lo positivo de eso es que hoy puedo ver claramente que todos tenemos el poder para estar mejor, y sueño con que algún día las personas que sufren sepan lo que son capaces de hacer con su mente –concluyó.

Al darse cuenta de que con su antiguo esquema mental no podría ser feliz, Martina decidió cambiarlo. Buscó herramientas, técnicas y todas las maneras posibles a fin de salir de su aislamiento. Inventó, así, su propia forma de terapia, su personal programa mental, a través de cartas en las que reflejaba lo que realmente le desagradaba de la vida, lo que le servía y lo que no, y por fin, un largo listado de situaciones que, según ella, la harían feliz.

Hoy, y tras muchos años de constante esfuerzo, Martina parece finalmente una persona nacida para disfrutar de la vida.

Ella estaba en lo cierto en cuanto a su forma de programarse positivamente con un listado de "cosas felices". Si hubiera seguido aislada del mundo y manteniendo sus pensamientos negativos, el final podría haber sido muy distinto. Por ello, cuando entramos en la dinámica de la angustia y la depresión, debemos cortarla de raíz, ya que una cosa solo puede crecer cuando se le da alimento.

Todo lo que pensamos y decimos se imprime en la mente y el cuerpo. Por ello, una de las maneras más inmediatas de mejorar y alcanzar un estado de plenitud física y mental es cambiar los pensamientos y las palabras. Esto –lo admito– resulta una difícil y dura tarea. Para llevarla a cabo, nada mejor que los programas mentales.

Como dice un reconocido psiquiatra: "¡Escucha lo que piensas y lo que dices! ¡Si lo dices con bastante frecuencia, tu mente y tu cuerpo comenzarán a creer en ello, sea bueno o malo lo que dices!".

4. Elaborar nuestro objetivo de vida

> *No hay viento favorable para*
> *el que no sabe adónde va.*
> Lucio Séneca

Para poder hallar nuestra misión o vocación de vida, es preciso efectuar una profunda introspección, un análisis cuidadoso de las propias virtudes y, de seguro, hacer muchos *borradores* hasta encontrar al fin nuestro objetivo.

Esto supone un particular camino para cada uno de nosotros, porque somos individuos únicos y, como decía Viktor Frankl, toda persona tiene su propia misión o vocación en la vida, la que no puede ser reemplazada por nadie, ni su vida puede repetirse.

Joaquín Morales, ingeniero industrial de Mallorca, me consultó en una ocasión en que me encontraba en la isla dictando un seminario sobre liderazgo personal. Charlamos largo rato sentados en una terraza, donde me comentó lo que lo angustiaba. "Me encuentro –me dijo– en una difícil situación: actualmente no siento satisfacción en mi trabajo y nada me motiva. Pienso que he llegado a un punto en el que tengo que redefinir mi futuro, determinar lo que realmente deseo hacer. El problema es que tengo 45 años… ¿Cómo empiezo? ¿Por dónde? ¿Te parece que tengo alguna oportunidad a mi edad?".

Hablamos durante unos minutos de lo que él sentía y pensaba con respecto a su particular situación. Le recomendé que hiciera un correcto y detenido análisis de sus prioridades, y que se planteara cuál era su finalidad como persona. Mi misión consistió en ayudarle a dar forma a los pensamientos que tenía sobre los retos importantes de su vida, y organizar los principios en los que creía, de modo que pudiera obrar de acuerdo con ellos.

Trabajamos con una serie de preguntas que Joaquín fue respondiendo: *¿Para qué vives? ¿Qué quieres de la vida? ¿Cómo sabes que te estás encaminando hacia ese objetivo? ¿Qué pasos darás para llegar a él? ¿Qué te detiene? ¿Cómo sabes si esta misión u objetivo en tu vida es coherente con tus valores y principios?*

Le pedí que redactara el concepto o principio rector en el que fundaba su especial misión. Cuando hubo acabado, le dije: "Este principio o valor fundamental se transformará en un futuro en tu propia guía personal, para llegar, siguiendo el camino escogido, al objetivo planteado. Y verás cómo la sola redacción de este principio guía te brindará el equilibrio y la armonía necesarios para el trayecto hacia tu objetivo porque, como dijo Miguel de Cervantes, el hombre que está preparado tiene ganada media batalla".

La mayoría de las personas poseen una filosofía personal y profundas intuiciones sobre cómo y por qué las cosas son como son, pero no han formulado ese conocimiento de una manera sistemática y, por tanto, no pueden obrar de acuerdo con él.

Por ello, es útil redactar nuestros objetivos y los principios en que los fundamos, ya que esto promueve la claridad de razonamiento para planificar el futuro. Ese orden será la base del verdadero camino hacia nuestro objetivo porque, como se dice: "Las guerras se ganan en la tienda del general". Para tener éxito, ante todo, debemos planificar.

Así, pues, estamos dispuestos. Hemos superado conflictos y dudas. Conocemos nuestros recursos y adónde queremos ir. No importa demasiado si somos estudiantes, profesionales independientes o ejecutivos. Para comenzar a trazar nuestro propio y verdadero camino existen tres pautas generales básicas: *claridad mental*, para fijar nuestra meta o misión con acierto; *libertad e información adecuada*, para formular nuestra propia elección, y *convicción y perseve-*

rancia, para seguir ese especial camino hasta lograr nuestro objetivo.

El tiempo que te fijes para comenzar será el que necesites para reflexionar y aclarar qué habilidades tienes listas, y cuáles debes desarrollar en el camino. No menos importante es cómo realizarás el proyecto que te has planteado; en esa tarea, tener actitud positiva y espíritu de aventura serán de gran ayuda para acercarte a tu objetivo.

Ahora bien: ¿comenzarás este camino solo o en sociedad? ¿Qué factores influyeron en tu decisión? ¿Empezar de este modo favorece tu desarrollo personal y profesional? ¿Cuándo comenzarás? ¿Qué es lo que limita tus decisiones actuales?

Lo bueno de dedicarle tiempo a nuestro propio liderazgo personal es que ese esfuerzo nos reporta un valioso tesoro, que nos renueva y refresca el alma. Redactar en una hoja mis objetivos personales me ayuda a tener presente mis metas, y así puedo revisar continuamente mi propósito de vida y comprometerme con él con madurez.

¿Y por qué es tan importante tener una misión en la vida?

Porque si uno no tiene un objetivo claro, terminará dejando su destino en manos de otros, ya sean la esposa, los hijos, los amigos o el jefe. Por eso es preciso tener un objetivo en mente, así como una gran claridad sobre nuestra meta profesional y personal, ya que de nuestra convicción respecto de ella nacerán las herramientas para alcanzarla.

Sin embargo, son tantos a los que les falta un propósito firme en sus vidas que esa carencia ha llegado a considerarse algo normal.

Pero, ¿cuál es el sentido de mi vida?

El sentido o la razón de mi propia existencia es una pregunta que podré responder únicamente yo, ya que mi meta y mi propia convicción sobre el sentido de la vida muy posiblemente no sea una cuestión válida para otras personas.

Y, puesto que ha sido esta la clásica pregunta que se han formulado los filósofos de todos los tiempos, nos será útil poseer una gran capacidad de reflexión a fin de responder por nosotros mismos a tan ardua cuestión.

Decía Frankl, con respecto a la búsqueda de sentido en el ser humano, que el prisionero que perdía la fe en el futuro, en *su* futuro, estaba condenado. Porque con la pérdida de la fe en el futuro perdía, asimismo, su sostén espiritual. Se abandonaba, decaía física y mentalmente. Sencillamente, se entregaba. Dejaba entonces la vida de tener un sentido.

Según Nietzsche, quien tiene algo *por qué* vivir, siempre es capaz de soportar cualquier *cómo*. Por ello, es preciso tener un *porqué,* una meta para vivir, a fin de endurecerse para soportar el *cómo* de esa existencia. Es lamentable advertir hoy que muchas personas no ven ningún sentido en sus vidas, ninguna meta, ninguna intencionalidad y, por lo tanto, ninguna finalidad en vivirla.

Sin embargo, averiguar cuál es el propósito de la propia vida no es algo a lo que uno pueda acceder con solo desearlo. Y ya que nadie ni nada puede proporcionarnos un fin o misión en esta vida, debemos encontrarlo nosotros mismos. Pero, a pesar de que es posible que necesitemos mucho esfuerzo y tiempo para descubrirlo, no significa que ese sentido no exista. Por ello, siempre que justifiquemos nuestro particular camino con esa leal búsqueda, no estaremos perdiendo nuestro tiempo.

En última instancia, vivir significa asumir la responsabilidad de encontrar la respuesta correcta a los problemas que ello plantea, y cumplir las tareas que la vida asigna continuamente a cada individuo.

El líder religioso David McKay enseñó que "las más grandes batallas de la vida se libran cotidianamente en los aposentos silenciosos del alma".

Entonces, si uno gana esa lucha interna, si logra entender y resolver sus conflictos, y le encuentra un sentido a su propia existencia, finalmente sentirá la hermosa sensación de paz que experimentan aquellos que tienen una misión en la vida, que saben lo que buscan y luchan para lograrlo.

5. Encontrar el equilibrio

Vivir es como caminar por la cuerda floja, solo unos pocos mantienen el equilibrio.
Victor Menacho Moreno

No hay un único camino o fórmula mágica en el logro del equilibrio personal. Muchos de nosotros buscamos el equilibrio en nuestras vidas preguntándonos, por ejemplo: ¿cómo podré destacar en mi profesión sin poner en juego mis relaciones y mis propios valores personales? ¿Cómo conciliar mi trabajo con el cuidado de mi familia y la dedicación a mis amistades?…

En esta moderna y acelerada sociedad, no tenemos ni un momento para nosotros mismos, mientras se nos exige continuamente dedicar más tiempo a nuestro ámbito profesional. La competencia no tiene piedad en la lucha por lograr un contrato o una venta, y realizamos grandes sacrificios familiares por conseguir un ascenso o un aumento de sueldo.

Al advertir azorados que nuestro enfoque de la vida se encuentra centrado únicamente en lo inmediato, dejando de lado lo importante, comenzamos a sentir los múltiples efectos de una vida desequilibrada.

Y ese desequilibrio se traslada no solo a nuestra vida social y laboral, sino que llega a hacer impacto sobre nuestro maltratado cuerpo, el que, como consecuencia de esa tensión, se enferma.

Luego, cuando la familia nos reclama más tiempo, y los amigos nos hacen saber que los hemos descuidado, advertimos que deberíamos prestar más atención a nuestros afectos. Allí reconocemos con resignación que no hemos sabido establecer prioridades, y esa presión adicional termina por afectar gravemente todas las dimensiones de nuestra vida.

Aunque nos cueste reconocerlo, esta situación nos acecha a todos por igual. Con lo que buscar el equilibrio, cuando nuestra forma de vida nos lleva naturalmente a perderlo, es una verdadera paradoja. Acabamos viendo azorados cómo el horario de trabajo, la responsabilidad y el estrés que suponen las ocupaciones laborales, el impacto de las nuevas tecnologías, las obligaciones familiares y sociales, y el vértigo de los desplazamientos, van trastocando nuestro equilibrio natural sin que sepamos cómo reaccionar y sin una mínima idea de cómo manejar la situación.

En este difícil entorno, ¿existen personas capaces de encontrar el equilibrio de cuerpo, mente y emociones?

Existen personas que no solo lo logran, sino que, además, ayudan a otros a encontrar su propio equilibrio. Estos individuos favorecen a su familia con su capacidad inusual de equilibrar la existencia, y además contribuyen a que lo hagan sus vecinos y semejantes. Son personas ejemplares a quienes vale la pena imitar, ya que emplean su tiempo en forma correcta. Trabajan con eficiencia, hacen deporte y son sociales, manteniendo una buena combinación entre sus actividades personales y colectivas.

Esta particular búsqueda de equilibrio en la que todos estamos embarcados es señal inequívoca de que ya poseemos, de alguna manera, esa cualidad tendiente a la armonía, porque siempre que valoramos algo e intentamos alcanzarlo, es como si en el fondo ya formara parte de nosotros.

A los 42 años, Daniel, director de recursos humanos de una empresa a la que yo asesoraba en temas de selección de personal, comenzó a beber con más regularidad que de costumbre. Sentía que su vida se desmoronaba, y había perdido interés en el trabajo, la familia y los amigos. La suya era una situación aparentemente inexplicable, ya que contaba con un excelente sueldo en una importante compañía, una esposa adorable y unos hijos encantadores.

Cierto día, mientras ordenaba un armario antiguo en el desván de su casa, se miró al espejo y no se reconoció. El hombre que se reflejaba no era él mismo, sino un debilitado y demacrado Daniel, y se asustó. En un instante tomó conciencia de lo bajo que había caído por causa de la bebida. Cerró la puerta del armario de golpe, bajó las escaleras y me llamó por teléfono.

Sabía que además de consultor, yo era *coach*, por lo que forjó la esperanza de que lo pudiera ayudar con su problema. Hablamos unos minutos por teléfono hasta que logró tranquilizarse, y establecimos una consulta para el día siguiente. Ya en mi despacho me pidió una guía o herramienta para que él mismo pudiera luchar contra ese flagelo que lo había hecho caer tan bajo. No era alcohólico, pero bebía mucho.

Le sugerí unos ejercicios prácticos que podrían hacerle tomar conciencia del rumbo que llevaba su vida y guiarlo a retomar el control de su propia existencia.

A partir de estos ejercicios se produjo en él un cambio significativo de actitud, mostrándose interesado por indagar en su propia vida y descubrir las claves que lo condujeran a un estado de equilibrio.

A la siguiente semana me comentó cómo había descubierto el camino: "El día de nuestra primera entrevista –me contó– volví a mi casa y me puse a escribir un análisis completo y sincero de mi vida, de mis sueños futuros y de cuáles serían a partir de ahora las acciones que tomaría para solucionar el descalabro en que se había transformado mi realidad. La labor me llevó seis horas. Sin embargo, fueron seguramente las más fructíferas de toda mi vida, ya que luego del arduo análisis realizado pude extraer conclusiones realmente interesantes que arrojaban luz donde antes existía confusión y duda".

Daniel pudo comprender, por primera vez, la razón por la cual se sentía tan disgustado en su trabajo. Descubrió que era demasiado ambicioso y emprendedor para el cargo que ocupaba; se sentía asfixiado, sin poder advertir lo que le estaba sucediendo. Esa situación lo bloqueaba y le había hecho caer finalmente en la bebida.

Decidió, como conclusión de su análisis, establecerse en forma independiente. Dejó su puesto en la oficina de la gran compañía y organizó una consultoría de recursos humanos.

Al mes de concluir mi asesoramiento para su empresa, dejó en mi despacho un sobre. Junto con el cheque por mis honorarios, leí una nota en la que agradecía mi ayuda y la guía que le había prestado como persona en los momentos más difíciles. Entre otras cosas, decía: "...Me levanto con gran entusiasmo día a día para ir a mi propia empresa, y esto no solo ha mejorado sustancialmente mi relación con mi esposa e hijos, sino que me ha permitido volver a ver a mis amigos y, lo que es más importante, ¡he dejado la bebida!".

El cambio realizado no solo le reportó beneficios económicos; lo más importante que obtuvo fue su propio cambio interno.

Es curioso advertir cómo el conocimiento imparcial y sincero de nosotros mismos basta para reducir la angustia que muchas veces nos acosa.

Por ello, antes de elegir nuestro propio camino, debemos estar plenamente seguros de que se trata de una real y libre elección propia, independiente de los deseos o anhelos de los demás. Y para evitar caer en la trampa de seguir deseos ajenos, sería provechoso que nos formuláramos algunas preguntas:

¿Quiero realmente mejorar mi situación personal o laboral?

Esta pregunta es necesaria, ya que hay muchas personas tan contentas con su trabajo y con su vida que, en realidad, no desean cambiar, y por lo tanto no es necesario que lo hagan.

¿Quiero cambiar para responder a mis deseos o a los de otra/s persona/s?

En ocasiones he recibido la consulta de hombres cuyas esposas eran extremadamente ambiciosas, al punto de incitar a sus maridos a buscar o aceptar empleos que ellos detestaban, pero suponían un incremento monetario y de imagen que la mujer deseaba imperiosamente. Esta es una verdadera trampa, al no movernos guiados por nuestro propio corazón, sino presionados por deseos ajenos.

¿Estoy dispuesto a pagar el precio que me costará la mejora?

Pocas personas son conscientes de que cuanto más se sube en la jerarquía laboral, más son las responsabilidades y, por ende, mayores las preocupaciones y más las horas de trabajo. Esto supone un sacrificio que no muchas personas ponen en la balanza a la hora de aceptar un ascenso.

La mejora en el empleo de una persona no es siempre sinónimo de felicidad, ni siquiera cuando va acompañada por el éxito. Esta mejor alternativa laboral, para que sea sana y traiga provecho al individuo, debe partir de un impulso íntimo, de un auténtico deseo, nunca de una imposición social irreflexiva.

Es común que elijamos nuestro camino sobre la base del deseo de otros, como estudiar medicina porque le hace ilusión a nuestro padre, casarnos con Lucía porque es la chica ideal para nuestra madre, trabajar en la compañía de la familia porque es la tradición… y así sigue la lista.

Seamos responsables de nuestras propias decisiones. ¿Acaso alguien siente lo que sentimos?, ¿sueña nuestros sueños?, ¿vive nuestra vida? No, ¡nadie vive por nosotros! Y somos nosotros quienes atesoramos en nuestro interior las razones que nos hacen ser.

Es por ello que el equilibrio tan ansiado solo podemos encontrarlo en nuestro interior. ¡Descubrámoslo! ¡Dejemos que se haga evidente! Y, finalmente, ¡luchemos día a día para que el equilibrio sea el reflejo de nuestra vida!

Acción

6ª práctica

Ejecutar la visión

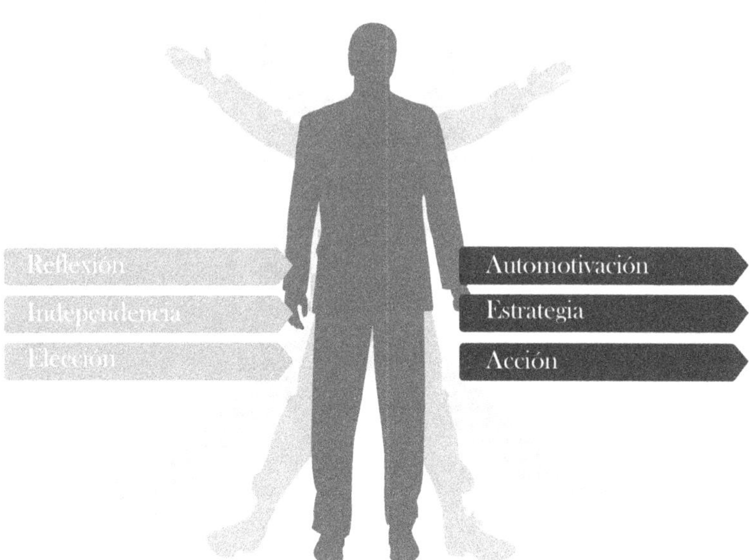

VI

LA PRÁCTICA DE LA
ACCIÓN

EJECUTAR LA VISIÓN

1. Fortaleza de espíritu

El más poderoso es el que tiene poder sobre sí mismo.
Séneca

Es común advertir cómo, muchas veces, tenemos gestos o actitudes que son consecuencia de nuestros impulsos pasionales. Es muy importante que esos impulsos no se impongan sobre los principios y valores que rigen nuestra vida, ya que, de ser así, estaríamos a merced de esos impulsos y lejos de la reflexión y el análisis que deben conducir nuestras acciones.

Sin embargo, si hemos logrado evolucionar en nuestro camino de crecimiento, tendremos la capacidad y el equilibrio necesarios para hacer valer nuestra voluntad y razonamiento por encima de los deseos pasionales.

Esos deseos muchas veces nos hacen pasar momentos difíciles, al ser juzgados por muchos como una expresión de nuestra forma de pensar y de ser. Para evitar esto es preciso que nuestros valores y principios sean lo suficientemente sólidos como para convertirse en la guía de nuestra conducta y el pilar necesario sobre el que se gestionarán nuestras futuras relaciones personales.

La persona exitosa tiene hábitos muy estrictos, basados precisamente en sus valores. En cambio, el que fracasa es quien olvida fácilmente sus valores, y se deja llevar casi siempre por sus deseos pasionales e irreflexivos.

Es común ver a la gente huir de situaciones y tareas incómodas que supongan esfuerzo y sacrificio. ¿Por qué? Porque no nos agradan. Sin embargo, vencer ese disgusto es un verdadero desafío para la persona triunfadora, que así demuestra su madurez.

> Durante mi estancia en la ciudad de Córdoba, Argentina, cuando estudiaba derecho, vivía en una pensión de la calle Vélez Sarsfield. El nombre que le daban a ese alojamiento sus pensionados era "Alcatraz". No era un lugar de reclusión, ni mucho menos, sino una enorme mansión antigua construida a principios del siglo XX, que contaba con más de treinta habitaciones y estaba ubicada en el corazón mismo de la ciudad.
>
> El agua caliente se generaba de una manera peculiar: existía en la pensión un gran calefón a leña que algunos de los habitantes encendían durante el día para que la mayoría pudiera bañarse. Como yo estudiaba todo el día fuera, al llegar a las 11 de la noche ya los residentes se habían ido a dormir y, por supuesto, el calefón se encontraba frío. Y no era cuestión de ponerme a esa hora a cortar tablas de madera para alimentar el fogón.
>
> Así que, al llegar cansado y con frío, se me ocurrió hacer flexiones y extensiones durante 15 minutos antes de ducharme, dentro del enorme cuarto de baño que era como una gran habitación, hasta que mi cuerpo comenzara a subir de temperatura. Entonces me atrevía por fin a lanzar sobre mí el agua helada que venía por la cañería.

En esas condiciones viví aproximadamente dos años, tanto en invierno como en verano. Evidentemente, me acostumbré a bañarme con agua fría. Y fue un orgullo para mí y un desafío personal haber atravesado tal experiencia, que me hizo más fuerte ante las adversidades y me enseñó que lo que uno se proponga puede ser posible, si el objetivo es más fuerte que las circunstancias ocasionales que debamos transitar en el camino. Mi propósito estaba claro, deseaba ser abogado. He ejercido durante más de diez años la profesión, y ese recuerdo siempre me acompaña en los momentos duros para inspirarme confianza y fortaleza.

Para la persona luchadora, el desagrado de hacer lo que resulta trabajoso y sacrificado está siempre subordinado a la fuerza de sus sueños y valores; por eso esa clase de individuos siempre vencen las dificultades.

Muchas veces no somos conscientes de que el esfuerzo cotidiano no es un mal que debemos padecer para superar obstáculos, sino que debemos verlo como una manera de entrenarnos para ser fuertes frente a las posibles y probables adversidades que tarde o temprano deberemos afrontar.

Es por ello que no tenemos que evitar el sacrificio, sino asumirlo como el camino necesario para entrenar nuestro espíritu en miras de una madurez y fortaleza que nos permitan superar todos y cada uno de los desafíos a los que nos enfrente la vida.

2. La granja de Julio

Los débiles esperan la ocasión,
los fuertes la provocan.
Orison Swett Marden

Nuestra firme actitud frente a la vida tiene el poder de hacernos llegar a donde queramos, porque es un hecho que nos encontramos donde estamos –tanto física como mentalmente– como resultado de nuestra actitud. Y esta no es más que un fiel reflejo de los pensamientos que albergamos en nuestra mente.

Si no estamos satisfechos con nosotros mismos o con nuestro camino, podemos cambiar esa situación modificando la calidad de la información con la que alimentamos nuestra mente, como son los pensamientos y emociones que tenemos instalados en ella. Ese cambio interno se reflejará en nuestra actitud, y es así como cambiaremos nuestra manera de vivir.

Empecemos, pues, a desarrollar una actitud mental positiva que lleve armonía y paz a nuestras vidas. Porque el secreto de nuestro éxito depende de nuestra mente. En unas simples palabras: ¡te convertirás en aquello en lo que pienses constantemente!

Esta frase refleja el hecho incontrastable de la enorme influencia que ejercen los pensamientos y creencias en nuestro comportamiento cotidiano, ya que toda acción está precedida de un pensamiento. ¡Es así de simple!

Aquella mañana de primavera, Julio entró en su oficina, algo que venía haciendo todos los días desde hacía 16 años, y echó una mirada por la ventana a las grisáceas azoteas de la ciudad. Sin embargo, sus sueños lo llevaron más allá, hasta cierta granja abandonada que había visto hacía unos días, a 130 kilómetros, en pleno campo.

—No es posible –le aconsejaba la prudencia–. Eres contable, no granjero. No puedes comenzar una nueva vida a los 54 años.

—Sí que puedes –replicaba su juvenil corazón–. Además, no tienes mujer ni hijos que dependan de ti. La fuerza de la costumbre es lo único que te ata aquí.

Al mediodía, Julio había presentado su dimisión y estaba preparando su equipaje. Aquella misma tarde emprendió la gran aventura de su vida. Hace más de tres años que tomó aquella resolución, y la última vez que lo vi le pregunté si lo había lamentado.

—Lo único que me pesa es no haberlo hecho antes –me respondió.

En realidad, son muy pocos los que están dispuestos a imitar a Julio en su decisión. Solemos pensar que el empleo, la familia, los amigos y los compromisos sociales nos lo impiden. A pesar de ello, y sin traicionar nuestras responsabilidades, todos podemos apartarnos en alguna medida de nuestro trillado camino para emprender la aventura de cumplir nuestros sueños. Lo que sucede es que muchas veces confundimos la prudencia con el miedo.

—Actualmente se habla de "crisis de la mediana edad" cuando nos referimos a la persona que se replantea su manera de vivir e intenta recomenzar con un nuevo sentido su vida –explica Guillermo, prestigioso psicoanalista–. En general –prosigue–, más que una crisis, lo que la persona está viviendo es una transición, es decir, un reordenamiento de prioridades, una revalorización de lo vivido y de lo que queda por vivir, una actualización de los ideales de su juventud.

Es maravilloso ver a personas mayores que, sin temor y con coraje, toman decisiones que las hacen vibrar y les devuelven la ilusión por la vida. Por ello, cuando estemos convencidos de que debemos emprender algo nuevo, hagámoslo en cuanto podamos. Seamos valientes y no aguardemos hasta que las circunstancias sean "completamente" favorables. Casi nunca lo son, ya que la mayoría de las veces una supuesta prudencia se interpondrá entre "lo que siento" o quiero hacer y lo que la costumbre, la tradición, los demás o mis miedos me indican que "debo hacer".

Todo lo que llega a nuestra mente a través de los sentidos, ya sea de manera consciente o inconsciente, queda grabado en ella. Así que, si la alimentamos con información correcta y adecuada, podemos esperar grandes resultados.

Julio supo alimentar su mente con mensajes e información positiva de crecimiento, superación y optimismo, lo que le permitió tomar una opción de vida arriesgada, pero enormemente satisfactoria.

Porque, aunque nuestro sentido de prudencia tenga por objeto protegernos, desgraciadamente muchas veces lo que hará será esclavizarnos, impidiéndonos hacer lo que deseamos desde lo más profundo de nuestro corazón, e insinuándonos que cualquier nuevo camino conducirá sin remedio al fracaso.

¿Por qué una gran mayoría de las personas no prestan atención a la información que graban en su mente inconsciente? Tal vez porque aún no han logrado comprender la importancia y el poder que ejercen los pensamientos sobre las acciones, o quizá porque no conocen el potente manantial de recursos que representa esa zona desconocida de sí mismos.

3. Controlar nuestros deseos

Nadie tiene gran necesidad de nada;
la necesidad ha de crearse.
Vicky Baum

Muchas personas tienen en mente un sueño que cumplir. Y ese sueño se encuentra, algunas veces, marcado por el deseo de llegar a un resultado concreto. Como acabamos de ver, el conflicto se produce cuando el simple deseo se transforma en una obsesión por alcanzar un fin determinado y excluyente, porque en ese proceso el individuo se lastima y se frustra, al transitar el camino hacia su objetivo pensando solo en el final del trayecto.

Para que la intención por obtener algo sea reveladora de un verdadero equilibrio, debo poner mi atención principalmente en lo que realizo, y no en lo que obtengo; más en la acción que en el resultado, en el que pueden incidir factores fuera de mi alcance. Es mediante un correcto control de nuestra intención como podremos ejercer el pleno dominio interno que nos permita vencer la tentación que nos transforma en esclavos de nuestros deseos.

El filósofo griego Epicuro nos daba una idea del placer "puro" como la meta más elevada en la que podemos encontrar la tranquilidad del alma y trascender el dolor. "Esa ausencia del dolor –decía– se conquista solo cuando no estamos condicionados por la satisfacción de los propios deseos".

¿Y… cómo saber si estamos transitando el camino correcto?

Si prestamos atención al presente que nos toca vivir y no al desconocido futuro, nuestras limitaciones imaginarias desaparecerán y, entonces, los obstáculos reales podrán finalmente ser interpretados y aprovechados como lecciones de vida. Si logramos esta verdadera hazaña, disfrutaremos en cada momento la magia de la vida, es decir, la incertidumbre de vivir, aunque no sepamos con certeza el resultado final.

¿Acaso ver la incertidumbre como algo bueno nos llevará a conseguir nuestros objetivos?

Pues sí, ya que siempre que estamos angustiados por lograr un objetivo o conseguir algo, transmitimos ese estado de intranquilidad y exasperación a los demás. Y esta forma de actuar provoca un efecto reflejo que nos lleva a alejarnos cada vez más de nuestro objetivo.

> Una tarde, José intentaba aconsejar a su joven sobrino, que sufría por la ruptura con su novia:
> —Siempre sucede lo mismo: cuando nos ven necesitados es cuando menos atención nos prestan; en cambio, cuando actuamos reflejando desinterés y seguridad es cuando más se acercan, y buscan nuestra compañía. Y esto no solo pasa en el amor, sino también en el trabajo, con nuestros amigos…; en general, en todas las relaciones personales. ¡Es infalible!

—¿Y entonces, qué hago? –preguntó el inquieto sobrino.

—¡Nada!… No hagas nada por ahora. No te esfuerces tanto por reconquistarla. ¡Las mejores cosas suceden cuando menos las esperas! –concluyó José.

Así es, en efecto: cuando tenemos un gran interés por una relación sentimental, un acuerdo económico o un suceso especial, lo más seguro es que lo echemos a perder por nuestra propia desesperación. Si, en cambio, nos tomamos las cosas con calma y le transmitimos a nuestro interlocutor seguridad y aplomo, es casi seguro que lograremos el resultado deseado. ¡Todo es cuestión de actitud!

Cuando estamos impacientes por lograr algo, generamos una actitud negativa que produce el alejamiento del resultado deseado. Pero muchas veces, a pesar de darnos cuenta de que nuestra actitud nos está perjudicando, no hacemos nada para modificarla. O sería más justo decir que *no sabemos* qué hacer para modificarla. Permitamos que las cosas sigan su curso, dejemos fluir la vida. No forcemos los acontecimientos.

¿Cómo…? ¿No debo hacer nada? ¿Debo acaso permanecer inmóvil frente a lo que está sucediendo?

El hecho de estar relajado y tranquilo ante la vida no significa que deba permanecer inmóvil. Hago todo lo que está en mis manos para alcanzar mis metas. Lucho con tenacidad e ilusión, pero no me amarro al resultado, porque sé que este será el que deba ser.

Los individuos que saben hacia dónde se dirigen son seguros, audaces, y tienen plena convicción de que sus esfuerzos se verán recompensados finalmente con el logro de sus objetivos. Se dicen internamente:

—Si no logro obtener el resultado que me había planteado en esta ocasión no pasa nada, sé que con esfuerzo y perseverancia mi objetivo se cumplirá. Si no es en esta oportunidad, será en la próxima. Seguiré esforzándome al máximo, convencido de que mi sueño llegará a cristalizarse.

También se dicen:

—De un modo u otro conseguiré el empleo que he soñado, una pareja que realmente me ame, una situación familiar donde reine la armonía y la paz. ¡Me tiene sin cuidado si algo que deseo demora más de lo previsto!

Y se mantienen preparados lo mejor posible para esa ocasión especial, aguardando pacientemente que, como consecuencia de los cuidados que han dedicado a su semilla, esta dé su fruto. No se impacientan, porque conocen las leyes de la naturaleza, y saben que todo lo valioso de la vida tiene un precio, que no es otro que el trabajo y sacrificio necesarios, y la consecuente espera a que den su beneficio.

Cuando nos enfocamos en nuestras intenciones y deseos, dejando de lado la periferia y el particular resultado, nuestra forma de actuar produce un orden general que nos permite centrar la energía en nuestros movimientos actuales sin angustiarnos por el futuro.

Repasemos, entonces, nuestros deseos e intenciones, y dejemos que sigan su evolución aceptando el curso de las cosas, ya que la vida tiene desenlaces que no controlamos en todos sus detalles.

¡Seamos pacientes! Actuemos con aplomo y seguridad, y luego, sepamos aguardar los frutos de esas cuidadas acciones. Seguramente el resultado soñado se hará realidad.

4. Entre la espada y la pared

Cuando el camino se pone duro,
solo los duros siguen caminando.
John F. Kennedy

Una de las cosas más interesantes que vale la pena analizar respecto de aquellas personas que han tenido éxito son las situaciones límite que debieron atravesar en su camino, hasta que finalmente lograron su meta.

Porque una de las razones que nos impulsan a las grandes hazañas son precisamente esos especiales momentos en los que uno está "entre la espada y la pared", no tiene nada que perder y vive una situación de no retorno. Es en esos momentos cuando surgen con mayor claridad nuestras más fuertes cualidades.

Es tan importante el descubrimiento de esas cualidades que, a veces, para lograr ese éxito que anhelamos, es útil como mecanismo interno estar persuadidos de que no tenemos más opciones, que estamos realmente "contra las cuerdas". Porque es en este punto que nuestras mejores virtudes y fortalezas se harán presentes.

Ello muestra la importancia de tener una real necesidad y convencimiento para alcanzar nuestro objetivo; no se trata simplemente de desear el triunfo, el aplauso o la cima, sino buscarlo con pasión, con el alma, ya que esa será la única forma de que pongamos en la tarea todas nuestras capacidades y habilidades. Porque es cuando se nos cierran todas las puertas que ponemos en juego nuestros recursos interiores.

De chico, siempre sentí intriga y admiración por un hombre muy especial que salía en las antiguas revistas de mi abuelo. Mi padre me relataba las hazañas de este personaje, y mi admiración crecía cada vez más. Un buen día, siendo ya mayor, él me alcanzó un libro que hablaba precisamente de aquella figura que en mi infancia me había fascinado tanto, hasta el punto de intentar imitarla.

> En el libro que mi padre me entregó, Marie Beynon Ray relata lo que sucedió cierto día de junio cuando el tren Broadway Limited, con sus relucientes vagones, estaba en un patio de la estación de Long Island… Leer el libro fue como encontrarme en ese lugar: cerré los ojos e imaginé la situación que acababa de leer… Relampaguean las cámaras

de los fotógrafos, bulle la muchedumbre. Un hombre fornido que viste pantalón corto acaba de asomar por la vía. Se acerca al tren estacionado; amarra el extremo de una cadena al enganche del coche delantero, echa a andar tirando del otro extremo… ¡y las 72 toneladas de acero del Broadway Limited se deslizan por la vía arrastradas por él!

El hombre se llamaba Ángelo Siciliano, y en ese momento tenía 47 años. Se había criado en un barrio pobre de Brooklyn, donde vivían sus padres, emigrados italianos. Al cumplir los 16 años, pesaba solo cuarenta y cuatro kilos y era paliducho, nervioso y víctima fácil de los chicos matones del barrio.

Un sábado lo llevaron, con otros muchachos, a visitar el museo de Brooklyn. Ángelo se quedó sin respiración ante las estatuas de Apolo y Hércules. El guía del grupo les dijo que las personas que sirvieron de modelo para esas estatuas eran jóvenes atletas de la antigua Grecia.

Esa noche, Ángelo recortó la serie de ejercicios gimnásticos que traía un periódico y empezó a practicarlos, con el firme propósito de convertirse en un atleta como aquellos griegos. Perseveró día tras día en su resolución. Inventó él mismo ejercicios en los que oponía un músculo a otro; al cabo de un tiempo había logrado una envidiable musculatura. Llegó por fin a ser "el hombre mejor desarrollado del mundo", poseedor de un varonil cuerpo de atleta, "combinación de Hércules y Apolo".

Éstos son los calificativos que llegó a merecer en importantes concursos Charles Atlas, nombre con el que se conocía públicamente a Ángelo Siciliano.

Vemos como Ángelo se hizo fuerte a partir de una debilidad que lo hacía presa fácil de los abusadores. Así, perseveró en su entrenamiento hasta lograr superar sus propias expectativas. ¿Y cómo lo hizo? Buscando en su interior, porque es en nuestro interior donde poseemos la fuerza y el coraje necesarios para enfrentar la adversidad y lograr hacer realidad lo que deseamos.

Sin embargo, es muy común que al momento de lanzarnos a la conquista de nuestros sueños nos encontremos con críticas o comentarios malintencionados que pueden producirnos dudas e incertidumbre acerca del camino elegido. Frente a la parálisis que esto nos produce muchas veces nos preguntamos: ¿cómo actuar?, ¿cómo impedir que los demás afecten negativamente nuestra autoestima y seguridad? Ante tal situación, es preciso que cerremos los oídos y no permitamos ni por un momento la influencia de las opiniones y los comentarios perniciosos acerca de nuestras decisiones, ya que si nosotros estamos convencidos de nuestra valía, capacidad y fuerza para lograr un objetivo, no necesitamos que nadie nos "dé permiso" para intentar alcanzarlo.

Es crucial que en nuestro camino hacia el éxito no atendamos a esas señales desalentadoras del exterior. Solo debemos ser consecuentes con lo que dice nuestro corazón y con la fe que tenemos en nosotros mismos y en nuestros sueños. Todos aquellos que han conseguido grandes cosas en la vida, no importa en qué campos, siempre han ignorado las objeciones planteadas por los pensadores "racionales" e "intelectuales". Esto ha sido así a lo largo de la historia, desde Colón hasta Edison.

> Una vez escuché a un catedrático universitario comentar varios casos de personajes famosos que habían alcanzado reconocimiento y éxito profesional. En un alto de su relato dijo: "¿Saben ustedes cuáles fueron los cuatro dones que poseían todos ellos? Simplemente, los mismos que cualquiera de ustedes pueden obtener: fe en sí mismos, fe en sus proyectos, disciplina y disposición al trabajo duro".

En efecto, cuando ponemos en juego la confianza que tenemos en nosotros mismos y en nuestros proyectos, es cuando los resultados llegan en forma de logros. Porque el éxito no se consigue por la cantidad de personas involucradas en cumplir el objetivo, ni por los medios económicos invertidos en él, sino que viene dado por el tamaño de la fe que tengamos en nosotros mismos y en nuestros proyectos.

5. Todo es empezar

> *La historia es un incesante volver a empezar.*
> Tucídides

Muchas personas creen que una vez que han elegido un camino, este será el "único" posible. Es decir, consideran el acto de la elección como un camino solo de ida. Por lo tanto, no advierten la posibilidad de analizar dicha elección y poder cambiar de camino.

En la vida advertimos con inusitada naturalidad los cambios de humor y de opinión de las personas que una vez dicen *esto* y luego dicen *aquello*. Es propio de la naturaleza humana cambiar de opinión.

Sin embargo, muchos se angustian ante la incertidumbre de tener que elegir. Realizar una elección en la vida no debería ser angustiante, sino algo cotidiano y tan natural como respirar. Y esto lo digo porque se supone que una vez que una persona decide algo es porque analizó la circunstancia y evaluó la mejor decisión.

Esto no quiere decir que en el futuro no pueda analizar con mayor profundidad o criterio y cambiar de opinión, esto es, volver a empezar.

> Hace tres años, cuando tenía 41, Diego descubrió algo trascendental. Según recuerda: "No tenía claro qué era lo que deseaba para la segunda mitad de mi vida". Aunque era empleado destacado de una multinacional de soluciones informáticas y tenía muy buen salario, de golpe se dio cuenta de que la única forma de descubrir qué era lo que quería era renunciar. "Sentía que necesitaba estar fuera de toda esa vorágine para poder pensar".

Se fue de la empresa y salió de vacaciones. "Quería tomarme todo el tiempo necesario, y por suerte tenía la posibilidad económica de hacerlo".

Poco después, alumbró su nuevo proyecto. "Decidí hacer algo que mezclara el entretenimiento con los caballos –dice–. Era mi interés desde chico". Con su mujer alquilaron un campo y abrieron un sitio en el que se entrenan caballos y donde se pueden realizar actividades ecuestres. Luego de algunos años su empresa se transformó en un gran polo de atracción para los amantes de los caballos. Hoy, Diego y su esposa se preguntan: "¿Por qué no lo habremos hecho antes?".

Como Diego, muchos de nosotros deberíamos plantearnos lo que estamos haciendo con nuestra vida y analizar en la profundidad de nuestro ser si estamos cumpliendo realmente nuestra misión vital.

La posibilidad de empezar de nuevo con nuestra vida supone la libertad de elegir, y esta libertad no debería ser coartada por ningún convencionalismo social o atadura cultural.

Debemos ser libres para volver a empezar una y otra vez en nuestra vida. Porque siempre hay una segunda oportunidad para todo en la vida… y una tercera, y una cuarta… hasta el fin de nuestra vida.

Logro de metas

7ª práctica

Alcanzar la cima

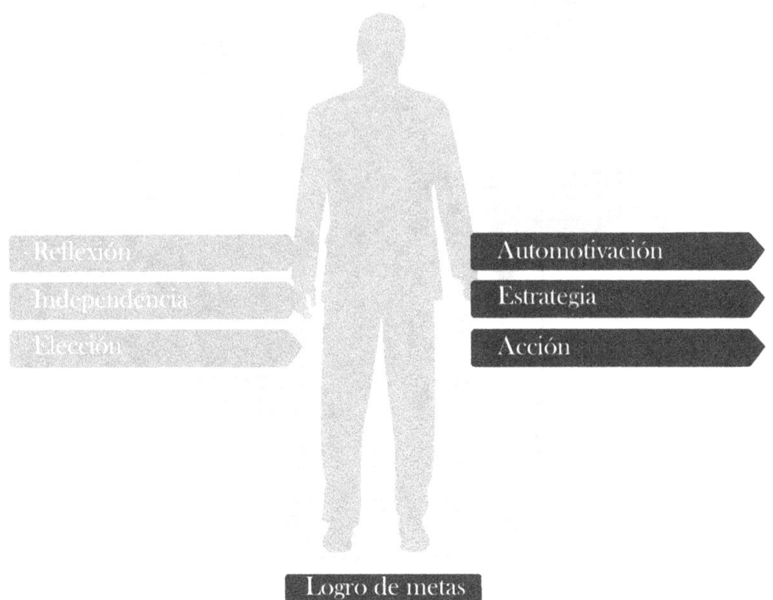

VII

LA PRÁCTICA DE LOGRAR
METAS

ALCANZAR LA CIMA

1. Visualizar el éxito

> *El éxito no es la victoria, sino todo*
> *lo que has peleado por ganar.*
> Rafael Nadal Parera

Cuando hablo de visualizar el éxito, me estoy refiriendo a esa particular capacidad que tiene el ser humano de representar imágenes mentales a partir de lo que desea lograr en la vida. Los atletas de alto rendimiento son grandes visualizadores que construyen en su mente la visión de lo que pretenden en el campo o la pista.

No obstante, muchas veces nos quedamos paralizados ante un transitorio fracaso y nos convencemos de que no podremos alcanzar el objetivo. Eso supone llenar la mente de imágenes negativas que, lejos de ayudarnos a lograr el éxito, suponen una verdadera losa que limita nuestras más ambiciosas aspiraciones.

La clave para lograr nuestros objetivos en la vida, cualesquiera que sean, es transitar el camino de la visualización. Pongo la mente en blanco y comienzo a construir una realidad paralela sobre lo que deseo alcanzar.

Una vez que tengo el cuadro completo, lo apuntalo con afirmaciones positivas de lo que supondrá estar viviendo esa experiencia y alcanzar esa meta. Sigo estructurando mi objetivo con mi convicción en lograrlo y finalmente trazo un plan de acción para ello.

> Lucas, un alumno mío de la Facultad de Ciencias Jurídicas y Sociales, era un gran deportista. Tras sufrir un accidente de moto, llegó a encontrarse en una silla de ruedas, desde la cual debía encarar un duro y lento proceso de recuperación. Los médicos no sabían si volvería a caminar. El doctor que lo atendió después de su accidente sabía muy bien lo importante que era para su recuperación que Lucas estuviera convencido de que lo iba a lograr, por eso lo alentaba constantemente.
> "Lucas –le decía–, si pierdes la ilusión vas a perder el deseo de vivir, y es posible que nunca puedas volver a levantarte de esta silla de ruedas. Todo está dentro de ti. Tienes que creer que es posible tu total recuperación. Debes ser capaz de comprender que vas a volver a caminar. Tienes que verte esquiando, bailando, jugando al fútbol con tus amigos. Tienes que verte curado, Lucas. Tienes que imaginártelo y verlo hecho realidad. Si no, tu fisiología no podrá crearlo. Aunque parezca una simpleza, debes ver tu propia curación convertida en realidad. Ten la seguridad de que vas a lograrlo. Imagínate haciendo lo que te gusta hacer".

El doctor estaba acertado con respecto a la terapia que aplicaba a Lucas, ya que en verdad es necesario visualizar lo que deseamos para hacerlo realidad. Es una ley de la naturaleza humana: nuestro cerebro dirige el cuerpo; por ello, si generamos imágenes en forma de un programa mental, podemos dar órdenes al cuerpo para que –como en este caso– se recupere y logre los objetivos deseados.

Los que han superado grandes desafíos humanos son grandes visualizadores que no se dieron por vencidos y construyeron en su mente el antídoto para lo angustioso de las dificultades que estaban viviendo. Es el caso de Viktor Frankl, preso de los campos de exterminio nazis.

Frankl era un gran visualizador, y en medio de su confinamiento creaba imágenes vívidas de lo que estaría haciendo cuando regresase a la civilización. Daría conferencias y hablaría sobre la psicología en los campos de concentración.

La visualización no solo ayuda a la persona a trazar un camino hacia sus objetivos, sino que le da muchas pistas acerca de cómo transitarlo. Esto supone conocer de antemano nuestro futuro, porque lo hemos visto previamente en imágenes mentales y eso nos da una ventaja para actuar más eficientemente.

Para encarar cualquier proyecto que nos movilice, debemos visualizarlo hasta transformarlo en nuestra mente en una realidad. Debemos incluir todos los detalles y las personas que están involucradas, sintiendo lo que experimentaríamos al lograr lo que deseamos.

Esta simple técnica nos permitirá anticiparnos al logro y allí mismo, en la visualización, encontrar las claves que nos conducirán con seguridad por el camino del éxito.

2. Todo es empezar

> *Lo que creamos o lo que pensemos tiene gran importancia.*
> *Pero más importante aún es lo que hacemos.*
> John Ruskin

Tras muchas sesiones grupales de trabajo, en mis *Seminarios de Inteligencia Emocional,* he descubierto que la mayoría de las personas tienen grandes sueños por realizar y piensan en ellos constantemente. Pero la razón por la cual permanecen sin cumplirlos es el pretexto que han elaborado para justificar su propia falta de valor, diciéndose a sí mismos: *¡Cuando deje de trabajar tanto, me dedicaré! ¡Cuando los niños crezcan y tenga tiempo, lo haré! ¡Aseguro que cuando termine mis estudios, comenzaré!...* Y así siguen, navegando en excusas y más excusas, como intentando justificar de alguna manera la poca iniciativa y coraje para enfrentarse a sus sueños y verlos finalmente cumplidos.

> —¡Actuemos con coraje y no temamos equivocarnos! –les decía a los participantes en esas sesiones–, porque solo existe una persona que no comete errores, y es la que no hace nada. Y, en realidad, esa persona comete precisamente el error de no hacer nada; por lo tanto, nadie está a salvo.
>
> —¿Actuar pese a mi inseguridad? –me preguntó Jorge, ingeniero agrónomo.
>
> —¡Así es! –le respondí–, porque siempre tendremos una cuota de duda al actuar, ¿quién no la tiene? Pero ello no debe ser un obstáculo para cumplir nuestros sueños, ya que estos son verdaderamente imposibles solo si no nos ponemos en acción.

Daniel, pintor, empresario y abogado, me comentaba durante una estancia en París que su sueño siempre había sido pintar. Pero, aunque algunos de sus amigos lo animaban a hacerlo, otros le aconsejaban que tomase la tarea como un pasatiempo.

> —El consejo de pintar en mis ratos libres era razonable; sin embargo, yo vacilaba en seguirlo –me decía, reflexivo–. Fue entonces cuando cayó en mis manos un ensayo de Emerson en el que hallé el eco de mis propias convicciones: "Si los prudentes no te alaban por algo, persevera

en ello y felicítate por haber hecho una cosa poco común y extravagante. Hágase sordo tu corazón a la voz de la prudencia". Fue así que inicié mi carrera de pintor.

El secreto del éxito es lanzarse, porque podemos motivarnos *pensando* en hacer algo, pero nos entusiasmamos verdaderamente *haciéndolo*. Esto fue lo que le sucedió a Daniel.

—¡Simplemente me lancé a la acción! –concluyó con una sonrisa en los labios.

Hoy, Daniel no solo es un cotizado y reputado pintor, sino que se dedica al mundo del arte también como marchante, viajando por todo el mundo. Hace unas semanas me comentó por teléfono que estaba feliz con la inauguración de su sitio de venta de obras de arte en Internet. ¡Y pensar que estuvo a punto de abandonar sus sueños por la excesiva prudencia de algunos consejeros!

> —¿Qué es lo que diferencia a un emprendedor, de otro que no lo es? –les pregunté una tarde a mis alumnos del curso sobre *habilidades directivas*.
>
> Ante los gestos de interrogación de la mayoría y su silencio expectante, respondí: "Simplemente la fe en sí mismo, en su proyecto, y el empuje para sacarlo adelante. Porque lo esencial –continué con énfasis– es nuestra actitud frente a las cosas, nuestro coraje y valentía para hacerles frente".

Cuando nos lanzamos a la acción, se revelan las oportunidades que nos permiten continuar y, finalmente, coronar nuestra pasión con el éxito. Seamos conscientes, entonces, de que todo objetivo que nos planteemos será un verdadero e interesante desafío personal, pero que morirá dentro de nosotros si no nos ponemos en acción a fin de alcanzarlo.

Lao Tse, el gran filósofo chino, nos dice que un viaje de mil millas empieza por un paso. Entonces, ¡entremos en acción!, ¡demos ese primer y trascendental paso!

3. Tener valentía

La valentía suele considerarse la primera de las cualidades humanas, porque es la que garantiza todas las demás.
Winston Churchill

El valor no implica ausencia de miedo, sino la decisión de actuar *a pesar* del miedo. Sabemos de antemano que nos invadirán la duda y el temor, pero no dejamos que estos sentimientos nos inmovilicen; tomamos las decisiones que debemos tomar sabiendo que la incertidumbre siempre estará allí para poner a prueba la fortaleza de nuestras convicciones.

¡Tengamos valor para actuar y cambiar nuestro destino! Los triunfadores y valientes suelen preguntarse: "Si sucede la peor de las alternativas, ¿podría hacerle frente, lo soportaría?". Si su propia respuesta es afirmativa, se lanzan hacia su objetivo. Ese es el secreto de los verdaderos líderes, que de esta forma se prueban: cotejando el compromiso con sus sueños y asumiendo con aplomo y madurez la responsabilidad por las consecuencias de sus decisiones. Porque saben que es duro fracasar, pero peor es no haber intentado nunca alcanzar el éxito.

Aunque muchos lo crean, en realidad no es descabellado arriesgarse, porque cuando decidimos hacerlo y ponemos lo que tenemos en juego, los medios se presentan y todo lo necesario llega. Todo cambio que realizamos da origen a un nuevo proyecto, a una nueva perspectiva vital, y por eso todo nuevo proyecto genera en sí mismo un cambio, no solo externo sino también en nuestra propia esencia como individuos.

Robert Schuller se pregunta: "¿Qué tratarías de hacer si supieses que no vas a fracasar?". Entonces, piensa: si no pudieras fracasar en la vida, si tus sueños se pudieran cumplir con solo desearlo, ¿cómo actuarías?, ¿a qué te dedicarías?, ¿qué cambiarías de tu actual situación?, ¿qué cosas harías que siempre has querido hacer? En tus manos está la respuesta.

El punto es: ¿por qué no hacemos lo que deseamos y soñamos?… ¿Cuántas veces hemos oído comentarios de gente que en su edad madura lamenta no haberse arriesgado más en la vida? ¿Por qué, entonces, no vivir una vida distinta, mejor? Vemos a diario personas que, cuando se dan cuenta de que están cerca del final de sus días, confiesan que desearían una última oportunidad para arriesgar todo por un sueño. Lamentablemente, ya es tarde.

> Durante largo tiempo, en Mendoza, me reunía con Gonzalo y un grupo de amigos, en la fecha en que se festejaba el Día del Niño, para llevar a los pueblos pobres de la frontera juguetes que comprábamos en las tiendas al por mayor, y otros que donaban familiares y conocidos. Cargábamos cuatro o cinco camionetas y nos dirigíamos a los puestos de la Cordillera donde no llegan los caminos, para entregar a los niños de esas familias pobres los regalos en su día. Ver la expresión de los pequeños sosteniendo su primer juguete ha sido una de las experiencias más conmovedoras de mi vida.
>
> El último año en que realicé esa gran aventura con mis queridos amigos, tuvimos la oportunidad de asistir –los lugareños prácticamente nos obligaron a quedarnos– al cumpleaños de un anciano de 98 años. En ocasión de apagar las velas de la gran torta, y en presencia de sus numerosos hijos, nietos y bisnietos, el hijo mayor preguntó:
> —¿Qué fue lo que pediste como deseo, padre?
> El anciano lo miró con lágrimas en los ojos, y contestó:
> —Mi deseo es poder volver aquí con más valor, para hacer todas las cosas que soñaba y no me atreví a intentar.

Debemos persuadirnos de nuestra valentía como individuos y de la enorme reserva de fuerza que suponen nuestras convicciones y sueños. Porque, como dice Oliver Wendell Holmes: "Lo que está delante de nosotros y lo que está detrás es poco importante, comparado con lo que reside en nuestro interior".

¡Seamos valientes! ¡Permitamos que nuestros sueños se hagan realidad!, porque solo cuando hayamos dejado de lado el miedo, arriesgándonos con serenidad y convicción, se nos revelará no solo que los riesgos son menores que lo que imaginábamos, sino también que el mayor riesgo de todos es no habernos animado a soñar.

4. Todo es posible

Sabemos lo que somos, pero no
lo que podemos llegar a ser.
William Shakespeare

La creencia de que *todo es posible* se encuentra enormemente arraigada en mi inconsciente. Supongo que debe ser una deformación profesional, consecuencia de mi trabajo cotidiano como *coach*.

Mi pensamiento más profundo es que no existe nada imposible para el ser humano. Como decía Julio Verne, si una persona puede imaginarlo, también puede hacerlo realidad. Porque la imaginación es la creación intelectual que precede a la creación física.

En mis seminarios y conferencias este es un tema que da mucho que hablar, ya que por lo general las personas reniegan de este postulado, anclados en sus creencias limitantes que tanto daño les hacen.

Y dicen cosas como: "Es imposible, ya lo he intentado muchas veces", "Con su físico no creo que lo logre", "Él es extranjero y no se adaptará a nuestra filosofía"… y cosas por el estilo que lo único que hacen es ponerle un techo a las personas en cuanto a sus aspiraciones y autoestima se refiere.

Debemos ser optimistas y luchar con ahínco por nuestros objetivos, en la convicción de que si caemos o fracasamos ocasionalmente no debemos darnos por vencidos. Superar fracasos es en sí mismo señal del éxito. Y los fracasos se superan con perseverancia en la acción.

Pedro Bonifacio Palacios, más conocido como Almafuerte, expresó con meridiana claridad esa férrea voluntad de superar los fracasos cuando afirmó contundente:

> Si te postran diez veces, te levantas
> otras diez, otras cien, otras quinientas:
> no han de ser tus caídas tan violentas
> ni tampoco, por ley, han de ser tantas…

O en otro poema:

> No te des por vencido, ni aun vencido,
> no te sientas esclavo, ni aun esclavo;
> trémulo de pavor piénsate bravo,
> y acomete feroz, ya malherido…

Como expresó Almafuerte en sus versos, creo firmemente que el fracaso no nos sobrecogerá nunca si la determinación para llegar a nuestra meta es lo suficientemente poderosa como para transformar nuestro anhelo en una perseverante convicción de alcanzar el éxito.

A pesar de esto, con frecuencia nos encontramos con personas que, habiendo intentado cumplir sus sueños, desisten a medio camino, convencidos de que la empresa es demasiado dura para ellos. *¡Estoy muy cansado de intentar e intentar…; ya no puedo más! ¡No sé cómo se me ocurrió lanzarme a esta aventura, si soy incapaz de lograrlo! ¡El desafío es más duro de lo que imaginé!*

Estas personas no advierten que el principal problema en su camino hacia el éxito está en su propia mente, en sus propias convicciones y creencias. Porque, como dice Henry

Ford: "Si uno piensa que puede o que no puede, siempre tendrá razón".

> En una oportunidad, el director general de una empresa a la que asesoraba por un tema de mejoramiento en la motivación del personal, me agradecía efusivamente el trabajo que había desarrollado con sus comerciales, al punto de lograr la gran hazaña de batir el récord histórico de ventas. Mientras me estrechaba con fuerza la mano y me daba palmadas en la espalda, yo pensaba: "Como no sabían que era imposible, lo hicieron".

Y en realidad es así, ya que si uno cree que no podrá, seguro que no lo hará. No nos engañemos: para vivir en este mundo tenemos que ser fuertes y tener mucha fe. Tarde o temprano sufrimos alguna adversidad, sea dolor, enfermedad, accidente o fracaso. Y cuando eso llega, nos puede derrumbar y someternos como a indefensos niños, salvo que poseamos una gran fortaleza espiritual como condición necesaria para afrontar adversidades, lo que conlleva una gran dosis de fe y optimismo.

En estos últimos años he tenido la oportunidad de conocer a muchas personas de esas que alcanzan el éxito como por arte de magia, aquellas que la mayoría de nosotros pensamos que tienen algún don especial. En cuanta ocasión he tenido, les he pedido que me indicaran cuál era la fórmula de su éxito, si es que existía alguna. La mayoría de ellos me respondió que la posibilidad del fracaso no les había cruzado nunca por la mente. "Sencillamente –me contestó uno–, creo fervientemente en mí mismo y en los proyectos que emprendo".

En efecto, la solución a nuestros problemas no está fuera de nuestro alcance, sino en nosotros mismos. Como dijo Buda: "El pensamiento lo es todo; llegamos a ser lo que pensamos". Y así es: en la mayoría de los casos en que nos sentimos vencidos, nos dejamos influir por el pensamiento de fracaso. Por eso Henry Ford decía que buscaba para su empresa a muchos hombres que tuvieran una capacidad infinita de no saber lo que no se puede hacer, porque tenía la convicción de que la creencia lo es todo.

> Esto trae a mi recuerdo a un cliente llamado Julián, al que estuve tratando de explicar durante un mes la idea de que podemos lograr lo que deseamos, siempre que creamos en ello. Al finalizar el programa de 12 sesiones de *coaching*, le recomendé que leyera la biografía de algún personaje famoso y reconocido, para que pudiera extraer de su lectura conclusiones e ideas que lo alentaran y convencieran de que cualquier proyecto o sueño que nos planteemos es posible.
> Los resultados fueron asombrosos. A meses de nuestra última charla, lo encontré sentado en el recibidor de mi consulta, y me dijo sin darme tiempo a hablar: "Te estoy realmente agradecido. Leer la historia real de personas relevantes que partiendo de una condición humilde llegaron a triunfar, me ha convencido de que mis sueños, como los de ellos, se pueden hacer realidad".

El éxito y el triunfo solo se logran concibiendo en nuestro interior la idea de que tenemos una gran capacidad intelectual y espiritual para afrontar cualquier desafío que nos proponga la vida. Nada es imposible para nosotros. Esta condición interna es la que nos permitirá tener una autoestima tan fuerte que ni los más duros obstáculos podrán desviar nuestro camino.

Sin embargo, lograr esta fortaleza interior no es tarea fácil; sobre todo cuando los hábitos mentales negativos han trazado hondos surcos en nuestra personalidad. Pero, a pesar de las adversidades del camino, debemos ser fuertes, ya que el que es fuerte no se deja vencer por el pesimismo, y aunque comprende los obstáculos que presenta un problema, no se abate: estudia la situación hasta descubrir la forma de salir adelante… siempre adelante.

5. Persistir hasta alcanzar el éxito

Afanarse no significa sobrepasar nuestros límites,
sino persistir todo el tiempo.
Sheng Yen

Esta particular clave supone insistir en el intento hasta desfallecer teniendo en mente la frase: *¡Nunca te rindas!* Esa es una de las tácticas que utilizo en mi día a día cuando las cosas no salen o se ponen muy complicadas.

Persistir supone luchar hasta alcanzar nuestro objetivo. Implica que aunque podamos fracasar ocasionalmente, este fracaso nos enseñará el camino para un futuro éxito.

Siempre las personas que alcanzan la gloria han tenido fracasos en su camino, aunque la prensa y el mito hagan que los veamos como salidos de un cuento de hadas. Son personas de carne y hueso que han sufrido, pero ese sufrimiento no los venció sino que los motivó para seguir adelante.

Todos conocemos a esas personas especiales, y no lo son por haber alcanzado sus objetivos, sino por el esfuerzo y la superación personal que supuso llegar a lograrlos. Son nuestros ejemplos vivos de que se puede alcanzar hasta lo inimaginable.

Cada momento de zozobra que se afronta con espíritu aventurero y optimismo es una batalla ganada al escepticismo y la mediocridad. Cada vez que caemos y nos levantamos, significa que nos hemos superado, sin sentirnos superados.

Hace unos meses leí una frase que me llamó especialmente la atención: "Tu talento es lo que Dios te regaló; lo que hagas con él, es tu regalo a Dios". La escribió la deportista croata Janica Kostelić en su casco para la competición de Italia, cuando era segunda en la copa del mundo de esquí. ¿Por qué escribió eso? Porque sabía en su interior que el triunfo solo está reservado para los que se atreven a soñar y tienen la convicción de vencer.

Ella sabía, tanto como Aristóteles, que la victoria más difícil es la que se obtiene sobre uno mismo. Estaba convencida de que su férreo carácter la llevaría al primer puesto, y así se motivaba. Finalmente, llegó a ser campeona del mundo en cinco ocasiones.

¿Quiénes son los privilegiados que pueden lograr lo imposible? ¿Quiénes están capacitados para triunfar?

Solo quienes se encuentren en un estado de constante búsqueda de información y conocimiento, y dispuestos a un verdadero sacrificio en pos de sus sueños, están equipados con la actitud necesaria para triunfar, ya que su mente está abierta y receptiva para aprender, nutrirse de nuevo entendimiento y perseverar en la conquista de su objetivo. Y esto es algo que todos podemos lograr.

Es en la perseverancia, como valor, donde encontraremos la fuerza necesaria para lograr todas y cada una de nuestras metas.

Sin embargo, podemos nutrirnos de otros recursos, como la imaginación, el sentido de la oportunidad, la educación y la capacidad. Todo merece la pena intentarse, pues un minuto de triunfo puede compensar muchos años de fracasos.

Y esto es así porque una vez que hayamos logrado el éxito, visto en retrospectiva, el difícil y duro camino que debimos recorrer hacia él nos parecerá más suave y llano.

Recuerda… cuando el camino se ponga duro, angustioso o imposible, solo tienes que pensar que dentro de ti tienes la fuerza necesaria para superar cada obstáculo que la vida te pone delante. Por ello te insto a que nunca te rindas... ¡Lucha por lo que quieres!

FINAL

Lograr nuestras *metas personales* no es tarea sencilla, ya que supone mucho sacrificio, dolor, tentativas frustradas y errores. El proceso de *entrenamiento* depende, muchas veces, de identificar primero qué es lo que queremos para nuestra vida.

Y este proceso de autoanálisis y reflexión personal nos servirá para aclarar nuestros objetivos y encaminar nuestro rumbo: *¿Qué nos apasiona? ¿Cuál es nuestro sueño? ¿Cómo lograrlo? ¿Cuáles son nuestros valores y fortalezas? ¿Cuáles nuestras debilidades?*

Seamos valientes y sigamos adelante repitiendo en voz alta nuestro objetivo, apretando los dientes cuando sea necesario, y actuando con solidez de principios.

Porque el hecho de que debamos luchar y sufrir para alcanzar nuestros sueños, no es motivo para aminorar la marcha o sentirnos desmotivados. Todo lo valioso de esta vida supone perseverancia y sacrificio, y es ese camino de continua superación el que le da sabor a nuestra existencia.

Lo importante de este libro y del proceso de *liderazgo personal* que supone, no son las respuestas a las preguntas formuladas, sino la propuesta de descubrir la verdad por nosotros mismos mediante una constante investigación. Esto implica no quedar presos en ninguna creencia, en ningún sistema de pensamiento, porque estar satisfechos con una sola respuesta limita nuestra mente.

Es esencial, entonces, que no aceptemos sin reflexión lo que en este libro se plantea. Lo importante para nuestro crecimiento es que cuestionemos, y *nos* cuestionemos de manera constante, todos los postulados que las distintas claves formulan.

Solo así comenzaremos a descubrir, por nosotros mismos, lo que para cada uno es el verdadero significado de la vida.

DESPEDIDA

Espero simplemente haber aportado algunas ideas en esta difícil tarea de intentar entender la vida. Y digo *algunas* ideas, ya que nuestra vida es como un libro sin final. Es algo que debemos concluir nosotros mismos; no depende de nadie más. Es así de simple: el camino que debemos seguir está abierto; solo falta que queramos transitarlo.

Por ello, si alguna frase, aforismo o pensamiento te ha resultado revelador o ha llegado a la profundidad de tu ser, sería interesante escribirlo en un buen tamaño de letra. Luego, buscar un lugar visible donde no moleste, y colgarlo ahí. Regularmente será bueno leerlo y analizar su mensaje a fin de grabarlo en el subconsciente. Estos *mensajes* resultan, la mayoría de las veces, motivadores perfectos para la acción. ¡Haz la prueba!

Finalmente, lo que pretendo que hagas con las *claves* contenidas en este libro es *ponerlas en práctica*; no que digas: "tiene razón". Porque en el fondo de nuestro corazón sentimos todos lo mismo, y conocemos muy bien estas enseñanzas. La pregunta es: ¿por qué no las ponemos en práctica? ¡Empieza ahora mismo!

Espero que me escribas a mi correo personal para hacerme los comentarios que desees con respecto al libro y al proceso de liderazgo personal que expongo. Y, en especial, espero que me cuentes acerca de los resultados que has obtenido con la utilización y puesta en práctica de las **siete prácticas.**

Saludos, y gracias por tu tiempo.

Alfredo Diez

ad@alfredodiez.com

www.alfredodiez.com

Artículos (*blog*): www.managementsincorbata.com

Vídeos (canal YouTube): coachalfredodiez

Fotos y comentarios (Facebook): AlfredoDiez.fb

Noticias (Twitter): AlfredoDiezNews

BIBLIOGRAFÍA

Desearía realizar un especial homenaje a todos los autores que, con sus conocimientos y trabajos, me han ayudado a hacer de este un libro mejor:

Adams, Marilee: *Cambie sus preguntas, cambie su vida*. Berrett-Koehler, San Francisco, 2009.
Albion, Mark: *Vivir y ganarse la vida*. Amat, Barcelona, 2002.
Covey, Stephen: *Los 7 hábitos de la gente altamente efectiva*. Paidós, Buenos Aires, 2001.
Coyle, Daniel: *Las claves del talento*. Planeta, Barcelona, 2009.
Demartini, John: *Dar gracias a la vida*. Urano, Barcelona, 2003.
De Mello, Anthony: *Sadhana, un camino de oración*. Sal Terrae, Bilbao, 1981.
Diez, Alfredo: *El líder interior*. Ediciones Granica, Barcelona, 2007.
Frankl, Viktor: *El hombre en busca de sentido*. Herder, Barcelona, 2001.
Fromm, Erich: *El arte de amar* (1956). Paidós, Barcelona, 1992.
Hill, Napoleon: *Piense y hágase rico*. Grijalbo, Barcelona, 1990.
Jeffers, Susan: *Aunque tenga miedo, hágalo igual*. Swing, Los Ángeles, 2007.
Krishnamurti, Jiddu: *El arte de vivir*. Kairós, Barcelona, 2002.
Marías, Julián: *La felicidad humana*. Alianza, Madrid, 1987.
Marina, José Antonio: *El laberinto sentimental*. Anagrama, Barcelona, 1996.
Marinoff, Lou: *Más Platón y menos Prozac*. Ediciones B, Barcelona, 2002.
Matthews, Andrew: *Sigue los dictados de tu corazón*. Oniro, Barcelona, 1999.
Ortega y Gasset, José: *La rebelión de las masas*. Espasa Calpe, Madrid, 1961.
Rojas Marcos, Luis: *Aprender a vivir*. Fundación La Caixa, Barcelona, 1999.
Schopenhauer, Arthur: *El arte de saber vivir*. Círculo de Lectores, Barcelona, 2000.

A todos ellos mis respetos y reconocimiento por sus excelentes trabajos.